管理組合のための
マンショントラブル
110番！

東京都住宅局
［監修］
財団法人　東京都　防災・建築まちづくりセンター
［編集・発行］

大成出版社

推薦のことば

今日、分譲マンションは、都市の主要な居住形態の一つとして広く受け入れられるようになりました。限られた都市空間を分かち合って居住していく上で、また、持家居住を実現する上で、分譲マンションの担う役割は大きいものです。

しかし、分譲マンションは、居住形態としての歴史が浅いことなどから、共同住宅としての住まい方をはじめとする維持・管理や老朽化に伴う建替えなどについて、社会的ルールが定着しているとはいえず、様々な課題があることが指摘されています。また、戸建て住宅に比べ、一般に居住期間が短く、ともすると居住者の維持・管理への関心も薄い傾向にあるといわれています。

分譲マンションは、所有者が自らの責任と負担により維持・管理していくことが基本です。しかし、分譲マンションの維持・管理には、管理組合や規約などが存在したり、構造や設備について戸建てにはない技術上の知識が必要になるなど、専門性の高い内容も大きく関係しており、一般の市民にとって理解が難しい面があります。そのため、適切な維持・管理を進めるための手引き書が求められています。

このたび、(財)東京都防災・建築まちづくりセンターから発行されることとなった本書は、分譲マンションの日頃の維持管理の中でよくおこる疑問やトラブル等について体系的かつ網羅的に整理されています。また、Q&A形式でわかりやすくまとめられており、更に解説において、技術的な知識や法律など一般には馴染みの薄い専門的な内容についても述べられています。

本書は、分譲マンションの所有者や管理組合の方、更には分譲マンションをこれから買おうとする方が分譲マンションについての理解を深め、様々な疑問やトラブルについての解決の緒を見出し、魅力ある分譲マンション居住を実現するための一助となるでしょう。

平成一三年八月

(株)東京スタジアム代表取締役社長(前・東京都住宅局長) **戸井昌蔵**

監修のことば

東京においては、貴重な都市空間の中で膨大な住宅需要にこたえるため共同住宅が増加し、なかでも、区分所有の共同住宅である分譲マンションは、都民の根強い持家志向を背景に、六〇万戸を超えるまでとなりました。これは、東京の持家の四分の一を超えます。

都市型居住として東京において分譲マンションが広く普及する一方で、マンション管理についての問題も増加し、またその内容も居住者間の生活マナーや建物の不具合、管理会社等とのトラブルなど多岐にわたっています。

一方、国においては、マンション管理士の創設、マンション管理業者の登録の義務づけなどが定められた「マンションの管理の適正化の推進に関する法律」が平成一二年末に制定されました。この中で、地方公共団体は、マンションの管理の適正化に資するため、管理組合又はマンションの区分所有者等の求めに応じ、必要な情報及び資料の提供その他の措置を講ずるよう努めなければならないと明記されています。

東京都では、こうした法制度の整備に先立ち、平成一〇年度から都と全区市に相談窓口を設置し、分譲マンションに係る様々な相談を受け付けています。窓口に寄せられる分譲マンションの居住者や管理組合などからの様々な相談に応じるため、東京都では「分譲マンション相談マニュアル」を平成一〇年度に作成し、活用してきました。このマニュアルは、具体的な相談事項を体系的かつ網羅的に整理し、各相談内容に対する基本的な回答例とその解説等を記述しています。

「分譲マンション相談マニュアル」は相談窓口の担当者が使用することを想定したものですが、分譲マンションの所有者や管理組合にとっても非常に有意義な内容であるとの意見が以前より寄せられていました。そこで、本書を（財）東京都防災・建築まちづくりセンターのご協力により一般向けに「マンショントラブル１１０番！」と題して市販することとしました。多くの分譲マンションに関係する都民が本書を手に取られることにより、魅力ある分譲マンション居住の実現に本書が役立つことを願っています。

平成一三年八月

東京都住宅局長　**橋本　勲**

管理組合のためのマンショントラブル110番!

目次

I 管理体制にかかわるトラブルとその対応

1 管理組合の運営等

2 管理規約について

CONTENTS

Ⅱ 日常生活にかかわるトラブルとその対応

Ⅳ 建物、設備の維持・管理

1 日常の維持管理

CONTENTS

2 大規模修繕

3 劣化診断（建物診断）

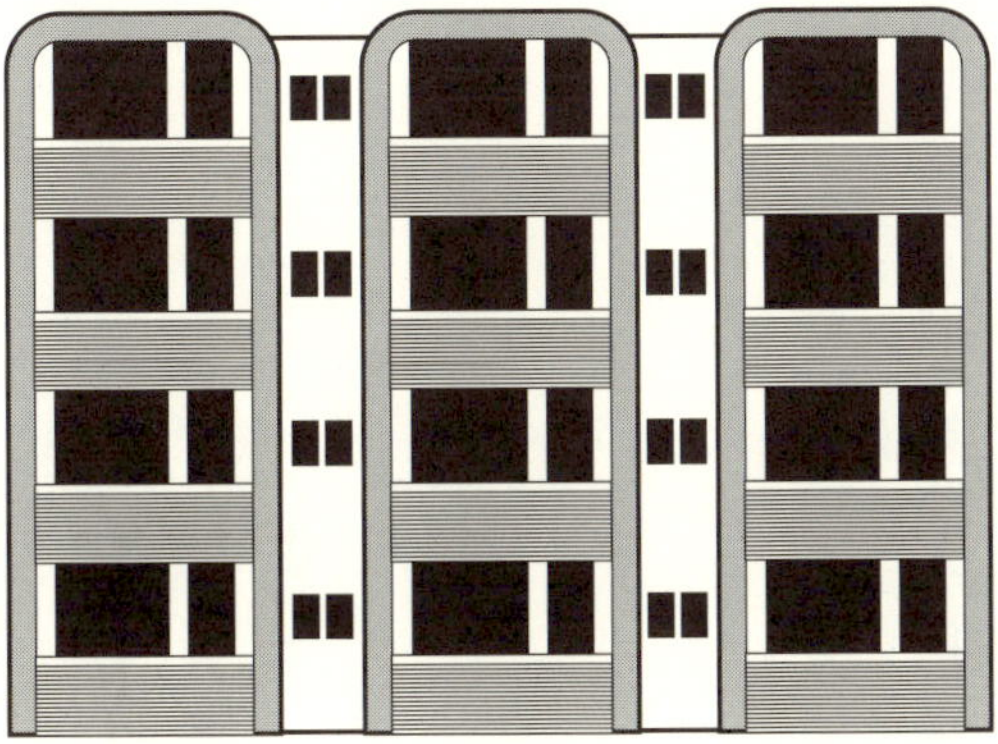

I

管理体制にかかわるトラブルとその対応

① 管理組合は、だれがいつつくるのか

法律上は、分譲マンションを所有した段階で自動的に成立します。ただし、実質的にはみなさんが総会を開催して初めてできあがるものです。

関係法令　区分所有法第3条（区分所有者の団体）

【解説】

◆当該区分所有建物を購入し、区分所有という状態が発生した時点で「管理組合」が自動的に成立し、区分所有者はその構成員となります。

◆実質的な成立は、総会を開き、管理規約および管理者を定めたときとなります。

◆なお、区分所有法上は「管理組合」という用語は存在せず（ただし、団地管理組合、管理組合法人という名称はあります）、区分所有法第3条で規定されている団体が通常管理組合と称されています。

関連項目　I 3①総会の開催（何のために、だれが開くのか）

② 管理組合の構成員は

区分所有者全員です。なお、部屋を借りて住んでいる人は構成員にはなれません。

関係法令　区分所有法第3条（区分所有者の団体）、区分所有法第44条（占有者の意見陳述権）

【解説】

◆区分所有者が全員でマンションの維持・管理のために組織する団体が管理組合であり、管理組合の構成員は区分所有者全員となります。なお当該マンションに住んでいるかどうかは関係ありません。

◆途中から売買・相続などにより区分所有者となった人も、当然区分所有者となった時点で管理組合の構成員となります。

◆区分所有法では、占有者（賃借人）は管理組合の構成員にはなれませんが、管理組合の総会の議題に利害関係を持つ場合などは総会に出席し、意見を述べることができます。ただし、議決権は持ちません。

③ 管理組合を脱退したいのだが

区分所有権を失うこと（売却すること）以外に、脱退の方法はありません。

◆区分所有者になれば（分譲マンションの所有者になれば）、その時点で自動的に管理組合に加入したことになり、任意に脱退することはできません。

【解説】

◆なぜなら、区分所有者は、維持・管理などについて区分所有者の共同の利益を守る義務があり、維持・管理などを行うために、区分所有者が全員で構成する団体が管理組合だからです。

関係法令　区分所有法第3条（区分所有者の団体）、区分所有法第6条（区分所有者の権利義務等）、標準管理規約第20条（区分所有者の責務）、標準管理規約第29条（組合員の資格）

関係法令　標準管理規約第1条（目的）、標準管理規約第31条（業務）

④管理組合とは何をするのか

共用部分の適切な維持・管理を行うとともに、みなさんが共同して所有しているマンションが末永く良好な住まいとなり、また大切な資産としての価値を維持するためにさまざまな業務を行います。

【解説】

◆管理組合は、マンションの共用部分の管理や使用にかかわる業務を円滑に実施し、区分所有者の共同の利益の増進と良好な住環境の確保を図るために構成するものです。そのために区分所有者は管理費、修繕積立金を管理組合に支払い、管理組合は必要に応じて第三者と委託契約を結ぶことにより、業務を執行します。

◆管理組合の主な業務としては、定期点検など共用部分の維持管理業務、総会の開催など管理運営業務、会計業務、日常連絡業務などがあげられます。

関連項目　Ⅱ１①専有部分と共用部分をどのように判断するのか

⑤ 団地の管理組合と各棟の管理組合との関係はどのようになるのか

団地の管理組合と各棟の管理組合は、相互に役割分担し連携しあいながら団地全体の管理を行う関係にあります。一般に、団地の管理組合は、団地全体で共有している土地や付属施設の管理を行い、各棟の管理組合は各棟の共用部分等の管理を行います。

ただし、団地によって若干異なる場合もあるので、管理規約で確認して下さい。

関係法令　区分所有法第65条（団地建物所有者の団体）、区分所有法第68条（規約の設定の特例）

【解説】

◆区分所有法は一棟の建物を対象として規定し、これを団地の場合に準用していることから、団地内の各棟が区分所有建物である場合、団地管理組合と各棟の管理組合が併存することになります。

◆この場合、団地管理組合は団地全体の共用部分等の、各棟の管理組合は各棟の共用部分等の管理を行うことになります。

◆ただし、各棟の総会決議（各棟の組合員および議決権の各4分の3以上）により各棟の管理や使用に関する事項を団地管理組合に委任することを規約に定めると、団地管理組合が団地の共有物（土地や付属施設）および各棟の管理を一元的に行うことができます（この場合でも各棟に固有の事項（義務違反者に対する措置、復旧および建替え）については各棟の総会でなければ決議できません）。

⑥ 管理組合と自治会との違い

管理組合は法で定められた区分所有者の団体ですが、自治会は居住者の任意団体です。

関係法令　標準管理規約第24条関係コメント

【解説】

◆管理組合は共用部分の維持・管理が主な目的であるのに対し、自治会は地域の住民が生活の向上のためにつくる自治組織で、会員の親睦を深めることが大きな役割です。そのため、区分所有者は必ず管理組合員となりますが、自治会は自主的な組織なので、加入を強制されるものではありません。また逆に、分譲マンションの賃借人は区分所有者ではないので管理組合員となることはできませんが、同じ住宅の居住者として自治会に加入することはできます。

◆なお、一つの組織で管理組合が自治会としての機能を併せて持つこともあり得ますが、その際でも自治会費とマンションの維持・管理にかかる費用はきちんと区別する必要があります。

関連項目
Ⅰ１②管理組合の構成員は
Ⅰ１④管理組合とは何をするのか

⑦管理組合法人とは（何のために、どのようにして）

管理組合として法人格を取得したものを管理組合法人と呼びます。なお、一般的な管理組合の運営においては、法人格は必ずしも取得する必要はありません。

【解説】

◆管理組合は権利能力なき社団ですが、管理組合で区分所有者の数が30人以上であるものは、区分所有者および議決権の各4分の3以上の多数による集会の決議で管理組合法人となることができます。

◆法人化のメリットとして

○権利義務の主体が明確になり、第三者や区分所有者との法的関係が明確になる。

○管理組合が不動産を所有していると、不動産登記ができる。電話加入権の名義を理事長の個人名義ではなく、管理組合名義にできる。

○多額を要する大規模な工事等に関して、管理組合の銀行等の金融機関からの借入れが容易となる場合がある（詳細は金融機関に問い合わせが必要）。

などがありますが、理事長が交代すれば、その都度登記事項の変更手続きが必要となります。

関係法令　区分所有法第47条（成立等）

関連項目
Ⅰ 3⑤総会の成立要件および議事の決定方法は
Ⅰ 3⑥総会における議決権とは何か

関係法令　区分所有法第25条（選任及び解任）、区分所有法第26条（権限）

⑧ 管理者とは（だれがなるのか、その権限・役割は）

管理者とは区分所有者が選任するもので、管理組合の業務を統括する役割を担い、一般的には管理組合の理事長がなります。

【解説】

◆管理者とは、建物の共用部分、敷地、付属施設を保存し、総会の決議を実行し、規約で定めた行為をする権限と義務を負うものとして、区分所有法で定められ、管理組合の総会を招集する権限を持っています。

◆管理者は、区分所有法上は区分所有者でない人でも法人でもなることができますが、標準管理規約において「理事長は、区分所有法に定める管理者とする」（第36条第2項）と示されているように、またその権限と役割から考えても、管理組合の理事長がなるべきです。

◆ただし例外として、投資用のワンルームタイプを主とするリースマンションや、リゾートマンション等、もとより不在区分所有者が多く、管理組合が機能せず、役員の選出さえできないマンションにおいては、区分所有者の決議により、例えば管理会社が管理者となることがあります。

⑨ 賃貸・売却を考えているのだが、管理組合に届ける必要があるのか

賃貸する場合は、あなたの新しい連絡先、借りる人の名前や連絡先等について届ける必要があります。売却の場合は、売却すること、つまり区分所有者が変更になるということと、新たに区分所有者となる人の名前等について届ける必要があります。

【解説】

◆賃貸・売却自体は、もちろん個人の自由ですが、マンションの管理と管理組合の運営を円滑に行うためには、区分所有者の変更や、賃貸の状況を管理組合が把握しておくことが大切です。

◆このため、管理組合に組合員（区分所有者）の変更と、新たな組合員がだれになるのか、また、賃貸の場合はだれが借りることになるのかを届ける必要があります。

◆また一方で、管理組合は居住者名簿を作成して保管し、届け出があるごとに名簿の変更を行う必要があります。

◆なお、管理規約における届出義務についての定めがない場合は、区分所有者に周知を図るとともに、その旨を管理規約に明記する必要があります。

関係法令　標準管理規約第30条（届出義務）

関係法令 区分所有法第3条（区分所有者の団体）、区分所有法第34条（集会の招集）、区分所有法第36条（招集手続の省略）

⑩ 管理組合を設立したいのだが

隣近所の人たちに呼びかけ、みなさんが発起人になって、管理組合の設立総会を開きましょう。

【解説】

◆区分所有法では、建物の区分所有関係が成立した時点で管理組合が存在することになっていますが、総会が開かれず事実上管理組合が機能していない場合は、新たに管理組合の設立総会を開く必要があります。

◆そのために、まずはじめに管理規約があるかどうかの確認をし、規約がある場合は管理者がだれであるかを調べ、管理者に対して総会の開催を請求します。

◆もし、管理規約が存在しなかったり管理者が指定されていなかった場合は、区分所有者総数の5分の1以上、かつ総議決権数の5分の1以上の賛成があれば総会を開催することができます。例えば、20戸のマンションであれば、区分所有者4人以上でかつ議決権数が5分の1以上が必要となります。

◆設立総会に向けて準備しておく必要があるものは、総会発起人名簿（署名捺印）や管理規約案、理事の候補および管理費等の設定額の案、当該年度分の予算案、当日の議案式次第などです。

◆なおこれらの手続きや準備は区分所有法などの専門的知識が必要なことから、「管理アドバイザー制度」を活用するなど、公正な第三者のアドバイスを受けることも考えられます。

関連項目
Ⅰ 1 ①管理組合は、だれがいつつくるのか
Ⅰ 2 ①管理規約とは
Ⅰ 3 ①総会の開催（何のために、だれが開くのか）
Ⅰ 3 ③役員ではないが、総会を招集できるか
Ⅰ 3 ④入居してだいぶたつのに、一回も総会が開かれていないのだが
Ⅰ 3 ⑤総会の成立要件および議事の決定方法は

① 管理規約とは

区分所有者がそのマンションにおける専有部分や共用部分について知り、また、共同生活を快適に営むために定められる各マンション個別のルールです。区分所有者（占有者も含む）は、区分所有法と同様にこの管理規約も守らなくてはなりません。

【解説】

◆どのマンションにも共通した基本的な事項については、区分所有法に規定されていますが、区分所有者相互の間の事項は、区分所有法で定めるもののほかは、各マンションの特性を踏まえて独自のルール（管理規約）をつくることが必要です。

◆各マンションの規則としては管理規約のほかに使用細則等がありますが、管理規約はその根幹となるものです。

関係法令 区分所有法第30条（規約事項）

関連項目 Ⅰ２③管理規約はだれが定めるのか

② 標準管理規約とは

国土交通省が示している管理規約のひな型です。あなたのマンションの管理規約と照らし合わせ、相違点の確認とその理由などを検討しておくことが必要と考えられます。

【解説】

◆国土交通省（旧・建設省）では、分譲マンションの管理に関する基本的なルールである管理規約の標準モデルとして、昭和57年に住宅宅地審議会から標準管理規約の答申を受け（昭和58年に区分所有法の改正に伴い一部改訂）、広くその周知・普及を図ってきました。

◆しかし、標準管理規約作成当時からその後のマンションの急速な普及に伴って、種々の問題が新たに生じてきており、これらを取り込んで標準管理規約をより一層合理的かつ利用しやすいものとするために、平成7年2月10日住宅宅地審議会にその改正について諮問を行い、平成9年2月7日に審議会において答申を得ました。

◆なお、主な改正内容は以下の通りです。

（ア）適切な大規模修繕を実施していくための前提となる長期修繕計画の策定を管理組合の業務として位置づけた

（イ）マンションの使用をめぐるトラブルが多くなってきていることから、区分所有者間の公平性を確保し、マンションの管理の適正化を図ってい

関係法令 区分所有法第30条（規約事項）

くための規定（駐車場の使用、専有部分のリフォーム工事の手続き等）を位置づけた

（ウ）団地形式や店舗併用形式のマンションが増えてきていることから、団地型と複合用途型の標準管理規約を新たに作成した

2 管理規約について

【解説】

関係法令　区分所有法第31条（規約の設定・変更及び廃止）、区分所有法第45条（書面決議）

③ 管理規約はだれが定めるのか

区分所有者が総会において共同して定めるものです。

◆管理規約は居住者等を拘束するものであるため、本来は区分所有者が協議の上で定めるべきですが、実際には分譲会社が管理規約案を準備し、マンションの契約時に全員が捺印をして規約が成立している場合がほとんどです。

【解説】

◆合意の難しさなどから考えると、このような方法をとるのはやむを得ない面はありますが、その規約が必ずしもそのマンションや居住者の特性に合っているとは限らないので、必要に応じて改正を行っていかなければなりません。

関連項目
Ⅰ３①総会の開催（何のために、だれが開くのか）
Ⅰ２⑩原始管理規約とは

関係法令 区分所有法第46条（規約及び集会の決議の効力）、標準管理規約第3条（規約の遵守義務）、標準管理規約第5条（規約の効力）

④ 管理規約はだれに対して効力を持つのか（賃借人や、途中購入者は）

区分所有者はもちろん、売買や相続などにより新たに区分所有者になった人も、管理規約を守らなくてはなりません。また、区分所有者でなくても区分所有者の家族等のマンションで生活している人や、区分所有者から部屋を借りて使用している人も、共同生活のマナーや部屋の利用方法などについて管理規約を守らなくてはなりません。

◆区分所有者は管理組合の構成員となるので、当然管理規約の効力が及びます。

◆また、包括承継人（相続による）、特定承継人（売買による）も区分所有者となるため、管理規約の効力が及びます。

◆占有者（家族や賃借人）については、建物またはその敷地もしくは付属施設の使用方法について、区分所有者と同じ義務、すなわち管理規約の定めに従う義務があります（なお、占有者は「建物またはその敷地もしくは付属施設の使用方法」以外の管理費等の支払い義務を負うわけではありません）。

【解説】

⑤ 区分所有法改正（昭和59年施行）前の管理規約は有効か

法改正によって区分所有法と矛盾するようになった規約の内容は無効です。

【解説】

◆昭和37年の区分所有法制定当時には考えられなかったさまざまな問題が発生し、実状にそぐわないところが多くなってきたため、同法が改正され昭和59年1月に施行されました。

◆この改正により新法の規定に抵触する主なものとしては次頁の表の条項があげられます。

関係法令　区分所有法改正附則（昭和58年法律第51号）第9条（規約に関する経過措置）

【新法の規定に抵触する主な条項】

	新法（昭和58年改定）	旧法（昭和37年制定）
共用部分の変更	第17条　共用部分の変更（改良を目的とし、かつ、著しく多額の費用を要しないものを除く。）は、区分所有者及び議決権の各４分の３以上の多数による集会の決議で決する。ただし、この区分所有者の定数は、規約でその過半数まで減ずることができる。（以下略）	第12条　共用部分の変更は、共有者全員の合意がなければ、することができない。ただし、共用部分の改良を目的とし、かつ、著しく多額の費用を要しないものは、共有者持ち分の４分の３以上の多数で決することができる。
規約の設定・変更及び廃止	第31条　規約の設定、変更又は廃止は、区分所有者及び議決権の各４分の３以上の多数による集会の決議によってする。この場合において、規約の設定、変更又は廃止が一部の区分所有者の権利に特別の影響を及ぼすときは、その承諾を得なければならない。	第24条　規約の設定、変更又は廃止は、区分所有者全員の書面による合意によってする。
集会の招集	第34条　３　区分所有者の５分の１以上で議決権の５分の１以上を有するものは、管理者に対し、会議の目的たる事項を示して、集会の招集を請求することができる。ただし、この定数は、規約で減ずることができる。	第27条　管理者又は区分所有者の４分の１以上で議決権の４分の１以上を有するものは、集会を招集することができる。ただし、この定数は、規約で減ずることができる。
決議事項の制限	第37条　集会においては、第35条の規定によりあらかじめ通知した事項についてのみ、決議することができる。 ２　前項の規定は、この法律に集会の決議につき特別の定数が定められている事項を除いて、規約で別段の定めをすることを妨げない。	第29条　集会においては前条の規定によりあらかじめ通知した事項についてのみ、決議をすることができる。但し、規約に別段の定めがあるときは、この限りでない。

⑥ 管理規約と区分所有法はどちらが優先するのか

管理規約は区分所有法の規定に則して作成されますので、法に抵触しない限り規約が優先します。

【解説】

◆管理規約と区分所有法は同様に区分所有者等の権利を拘束しますが、管理規約は区分所有法に基づき作成されるため、区分所有法に抵触しない範囲で定められるものです。

関係法令 区分所有法第30条（規約事項）

関連項目　I 2 ⑨管理規約の内容は、自由に設定・変更してよいか

⑦管理規約の設定・変更等はどのようにして行うのか（そのための要件は）

管理組合の総会を開き、管理規約の設定・変更等の内容について議案として諮り、区分所有者総数および議決権総数の各4分の3以上の賛成により行うことができます。また、区分所有者全員の書面による合意があった場合にも、管理規約の設定・変更等を行うことができます。

関係法令　区分所有法第31条（規約の設定・変更及び廃止）

【解説】

◆管理規約の設定・変更および廃止は、区分所有者総数および議決権総数の各4分の3以上の多数による総会の決議によって行うことができます。

なお、区分所有者全員の書面による合意があったときは総会の決議があったものとみなされます。

◆ただしこの場合、その内容が一部の区分所有者に特別の影響を与える場合は、その区分所有者の承諾が必要になるほか、内容によって、定めては（変更・廃止しては）ならない場合があるので、具体的な検討が必要です。

◆したがって、単に「区分所有者総数および議決権総数の各4分の3以上の多数による総会の決議」によるのではなく、その決議の前に反対意見を含めた十分な議論・検討を尽くしておくことが必要です。

関連項目
Ｉ３⑤総会の成立要件および議事の決定方法は
Ｉ３⑥総会における議決権とは何か

⑧ 大部分の住戸を一部の人が所有しているマンションなのだが

等価交換方式のマンションでは、元の地主が複数の住戸を所有しているために、その人の協力が得られないと管理規約の改正ができない（特別決議であり、議決権総数および区分所有者総数それぞれの4分の3以上の賛成が必要）などの問題が起こる可能性があります。

【解説】

◆等価交換方式とは、土地所有者が土地を提供しディベロッパーが建物を建てて、各々の相手方に対して土地・建物を譲渡し合う開発手法です。

◆問題の根幹には、区分所有であるにもかかわらず、元の地主が今までの所有形態と同様に捉え、区分所有法に基づく制約など分譲マンションのルールが認識されていないことがあります。またディベロッパーも、事業を円滑に進めるために共同事業者である元の地主の無理な要望を聞き入れてしまう場合があり、管理規約に元の地主に有利な特約を入れるといったことが起こります。

◆手続き上の問題としては、原始管理規約の改正などの特別決議事項の議決は、通常は専有部分の床面積の割合で定める議決権の総数と区分所有者の総数のそれぞれについて4分の3以上の賛成が必要となることです。つまり、元の地主が4分の1以上の専有部分の床面積に相当する住戸を所有していると、議決権総数についての4分の3以上

関係法令 区分所有法第31条（規約の設定・変更及び廃止）、区分所有法第38条（議決権）、標準管理規約第44条（議決権）、標準管理規約第45条（総会の会議及び議事）

の賛成は元の地主の賛成がなくては得られないことがあります。

◆等価交換方式のマンションに住んでいる場合は、管理規約に元の地主に有利な特約がないかどうかの確認をし、所有者相互の良好な関係を築くとともに、十分な話し合いをすることが大切です。

◆なお、区分所有法第38条では、議決権について

【解説】

各区分所有者の共有持分割合（専有部分の床面積の割合）によりますが、規約で別に定めることができるとしています。このことから財産権にかかわる事項を除き、内容によっては議決権の割合を別途規約に定め、より円滑な管理組合運営を図ることも考えられます。

関連項目
Ⅰ 3 ⑥総会における議決権とは何か
Ⅰ 2 ⑪新規分譲マンションを購入したが、原始管理規約が実態にそぐわないのだが

⑨ 管理規約の内容は、自由に設定・変更してよいか

管理規約に定める事項は、区分所有法で「建物又はその敷地若しくは附属施設の管理又は使用に関する区分所有者相互間の事項」と定められています。管理規約の内容はこの区分所有法の規定に合うものであることが必要であるほか、区分所有法と異なってはならない事項、個々のマンションで任意に定めることができる事項などの制約があります。

【解説】

◆管理規約の内容は、区分所有法第30条第1項に「建物又はその敷地若しくは附属施設の管理又は使用に関する区分所有者相互間の事項は、この法律に定めるもののほか、規約で定めることができる」と示されているとおり、この規則に従うことが原則です。

◆管理規約の内容は、①区分所有法の規定と異なる定めができない事項、②管理規約で別段の定めができる事項、③管理規約で任意に規定できる事項の三つに大別することができます。

①法律と異なる定めができない事項（強行規定）

ア　共用部分の変更（改良を目的とし、かつ著しく多額の費用を要しないものを除く）の総会決議要件のうち議決権数（法第17条第1項、法第21条、法第66条）

イ　管理所有者の変更行為の禁止（法第20条第2

項）

ウ　規約の設定、変更または廃止に関する総会決議要件（法第31条第1項、法第68条第1項）

エ　総会招集請求権者の定数、管理者がいないときの総会招集権者の定数。いずれも規約で区分所有者の定数を減ずることはできても定数を増加させることはできない（法第34条第3項、第5項）

オ　総会における決議事項の制限。総会の特別決議を要すると法定されている事項については、招集通知においてあらかじめ会議の目的を示すこととされ、規約で別段の定めをすることはできない（法第37条第1項、法第66条）

カ　義務違反者に対する訴訟提起の決議要件（法第57条〜法第60条）

キ　建物価格の2分の1を超える部分の滅失の場合の復旧決議の要件（法第61条第5項）

ク　管理組合法人の成立（法第47条第1項）

ケ　管理組合法人の解散（法第55条第2項）

②法律に基づいて規約で別段の定めができる事項

【解説】

（任意規定）

ア　規約で共用部分を定めること（法第4条第2項）

イ　規約で敷地を定めること（法第5条第1項）

ウ　共用部分の共有関係（法第11条第2項）

エ　共用部分の持分割合（法第14条第4項）

オ　一部共用部分の管理（法第16条）

カ　共用部分の変更決議における区分所有者の定数（法第17条第1項ただし書）

キ　共用部分の管理（法第18条第2項）

ク　共用部分の負担または利益収取の割合（法第19条）

ケ　専有部分と敷地利用権の分離処分可能の定め（法第22条第1項ただし書）

コ　敷地利用権の割合（法第22条第2項）

サ　管理者の選任（法第25条第1項）

シ　管理者の権限（法第26条）

ス　管理所有（法第27条）

セ　区分所有者の責任負担割合（法第29条第1項）

関係法令　区分所有法第30条（規約事項）

ソ　一部共用部分の規約（法第30条第2項）
タ　公正証書による規約の設定（法第32条）
チ　規約の保管者（法第33条）
ツ　総会招集請求権者の定数（法第34条第3項）
テ　総会招集権者の定数（法第34条第5項）
ト　総会招集通知の期間（法第35条第1項）
ナ　掲示による総会招集通知（法第35条第4項）
ニ　決議事項の制限（法第37条第2項）
ヌ　議決権の割合（法第38条）
ネ　総会の議事における決議要件（法第39条第1項）
ノ　議長（法第41条）
ハ　代表理事、共同代表の定め（法第49条第4項）
ヒ　理事の任期（法第49条第5項）
フ　理事の定数（法第49条第6項）
ヘ　理事の事務の執行（法第52条第1項）
ホ　管理組合法人に対する区分所有者の責任分担割合（法第53条第1項）
マ　残余財産の帰属割合（法第56条）

【解説】

ミ　建物価格の2分の1以下の滅失における復旧方法（法第61条第4項）
ム　団地規約（法第68条）
メ　団地共用部分の定め（法第67条）

③法律に定められていない事項で規約で任意に規定できる事項

ア　管理組合の名称、業務、事務所の設置
イ　管理組合役員の資格、職務権限、理事会・監事の設置、定数、任期、選任方法
ウ　総会の設立要件
エ　管理費等の額、徴収方法、会計区分、会計期間、会計処理、遅延損害金の付加、保管方法、諸費用の支払い方法、収支予算の編成、収支報告
オ　専有部分、共用部分の境界区分
カ　専有部分の用途、管理・使用制限
キ　共用部分、敷地、付属施設の用途、運営方法
ク　専用使用料の額・徴収方法、譲渡・転貸の可否
ケ　近隣および地方自治体等との協定等の承継

⑩ 原始管理規約とは

あらかじめ分譲会社が作成し、売買契約時の全員の署名捺印（書面決議）により有効となる管理規約のことです。

【解説】

◆管理規約は区分所有者等が集合住宅で快適に生活を送るために定めたルールですが、その内容は専門的で多岐にわたるため、分譲会社はあらかじめ規約案を用意しておき、契約時にその規約案を承認する手続きをしています。

◆規約の承認は総会での特別決議事項ですが、区分所有者全員の署名捺印があれば総会を開催したのと同じ効力があり、管理規約は正式に承認されたことになります（書面決議）。

◆原始管理規約は区分所有者が作成したものではなく、場合によっては不利な特約をつけている例があるため、標準管理規約との違いを確認していく作業が必要と思われます。

関係法令 区分所有法第45条（書面決議）

関連項目 Ｉ２②標準管理規約とは

⑪ 新規分譲マンションを購入したが、原始管理規約が実態にそぐわないのだが

原始管理規約は分譲会社が作成したものであり、所有者・居住者の立場で内容をチェックすることが必要と考えられます。その結果として、管理規約を見直す（変更する）ことが考えられます。

【解説】

◆原始管理規約はマンションの分譲会社が作成したものであり、またマンションの購入時点において、区分所有者がマンションの管理について必ずしも十分な認識のないまま同意することで成立しています。

◆このため、当該マンションの維持・管理のルールとして、不適切な事項が盛り込まれている場合もあり得ます。

◆例えば、区分所有者に不利な内容が定められていたり、等価交換方式のマンションの場合は旧地主に有利な内容が定められていることが考えられます。

◆このため、できるだけ早い時期に、管理組合として所有者・居住者の立場で原始管理規約の内容をチェックし、必要に応じて管理規約を見直すことが必要です。

◆原始管理規約の内容のチェックをするには、国土交通省が作成した管理規約の標準モデルである「中高層共同住宅標準管理規約」と比較してみることです。この際、標準管理規約はあくまで標準

関係法令 「中高層分譲共同住宅（マンション）に係る管理の適正化及び取引の公正の確保について」（平成4年12月25日建設省経動発第106号・建設省住管発第5号）、標準管理規約第31条（業務）

的なモデルであり、必ずしも標準管理規約と一致すればよいというものではないことに留意する必要があります。このため、標準管理規約との相違点とその理由を個々の分譲マンションの特性を踏まえ検討することが有効です。検討の際には、原始管理規約を作成した分譲会社、分譲後の管理を担う管理会社に説明を求めることも必要と考えられます。

◆また、標準管理規約第31条（業務）では、管理

【解説】

規約の改正等を管理組合の業務として明示していませんが、規約は管理組合が主体的に吟味し策定すべきものであり、規約の設定、変更および廃止を管理組合の業務として規約に明示することが考えられます。

◆なお、規約の見直しは、組合員総数、議決権総数の4分の3以上の賛成が必要な特別決議事項であり、特別な影響を受ける区分所有者の承諾も必要です。

関連項目
- Ｉ２⑦管理規約の設定・変更等はどのようにして行うのか（そのための要件は）
- Ｉ２⑧大部分の住戸を一部の人が所有しているマンションなのだが
- Ｉ２⑩原始管理規約とは

関係法令 標準管理規約第3条（規約の遵守義務）、標準管理規約第18条（使用細則）、標準管理規約第18条関係コメント

⑫ 使用細則や使用規則とは

わかりやすくきめ細かな、建物の利用や生活に係わるルールを定めたものです。管理規約に基づき、管理規約を補完するために定めます。

【解説】

◆使用細則で定めることが考えられる事項としては、ピアノ等の演奏に関する事項等専有部分の使用方法に関する規則や、駐車場の使用に関する事項等、敷地・共用部分の使用方法や対価等に関する事項等があげられます。なお、使用細則を定める方法としては、これらの事項を一つの使用細則として定める方法と、事項ごとに個別の細則として定める方法とがあります。

◆なお（財）マンション管理センターでは、建設省（当時）の委託を受け、平成11年10月に単棟型の分譲マンションに対応した使用細則の一つの参考例として「中高層共同住宅使用細則モデル」を策定し、公表しています。

◆使用細則がない場合などは、これらの使用細則モデルを参考にして、それぞれのマンションにあったルールを定めていくとよいでしょう。

◆「中高層共同住宅使用細則モデル」には以下の6種類の細則が設けられ、また参考資料としてペット飼育細則も掲載されています。

「○○マンション使用細則」
「専有部分の修繕等に関する細則」
「専用庭使用細則」
「駐車場使用細則」
「自転車置場使用細則」
「集会室使用細則」

関連項目
I 2 ⑬使用細則の設定・変更等はどのようにして行うのか（そのための要件は）
I 2 ⑭中高層共同住宅使用細則モデルとは

関係法令　標準管理規約第18条（使用細則）、標準管理規約第45条（総会の会議及び議事）、標準管理規約第46条（議決事項）

⑬ 使用細則の設定・変更等はどのようにして行うのか（そのための要件は）

一般的には、総会に出席した組合員の議決権の過半数の賛成が必要とされていますが、管理規約によってその条件を定めることができますので、ご自身のマンションの規約を確認して下さい。

【解説】

◆使用細則の設定・変更に関しては、標準管理規約では「議決権総数の半数以上を有する組合員が出席する総会において、出席した組合員の議決権の過半数にあたる賛成が必要」としていますが、規則と同様に特別決議事項として区分所有者と議決権の4分の3以上とする、あるいは理事会の承認のみでよいとするなど、各マンションの規約によって考え方の違いがあります。

◆しかし、区分所有者および議決権の4分の3以上の賛成が必要となると、簡単にその変更ができないためルールが硬直化してしまう恐れがあります。使用細則は日常生活に直接関係した内容が多いため、生活実態に即した変更ができるような柔軟な運用が望まれます。

⑭ 中高層共同住宅使用細則モデルとは

平成11年に（財）マンション管理センターがまとめた使用細則のモデルで、「○○マンション使用細則」「専有部分の修繕等に関する細則」「専用庭使用細則」「駐車場使用細則」「自転車置場使用細則」「集会室使用細則」の6種類からなります。

この使用細則モデルは、「中高層共同住宅標準管理規約（単棟型）」に基づいて細則を定める場合の参考として作成したものですが、使用細則は規約以上にさまざまなパターンが想定され、個々の状況に応じて定めるべきものであるため、何ら拘束力があるものではありません。

◆（財）マンション管理センターでは建設省（当時）の委託を受け、平成11年10月に単棟型の分譲マンションに対応した使用細則の一つの参考例として「中高層共同住宅使用細則モデル」を策定し、公表しています。

【解説】

◆「中高層共同住宅使用細則モデル」には以下の6種類の細則が設けられ、また参考資料としてペット飼育細則も掲載されています。

「○○マンション使用細則」

「専有部分の修繕等に関する細則」

「専用庭使用細則」
「駐車場使用細則」
「自転車置場使用細則」
「集会室使用細則」

◆この使用細則モデルは、「中高層共同住宅標準管理規約（単棟型）」に基づいて細則を定める場合の参考指針として作成したもので、対象となるマンションの分譲形態、専有部分の用途、規模等は、標準管理規約において想定するものと同等としています。また、物件の範囲や共用部分の範囲

【解説】

についても、それぞれ標準管理規約の別表に記載されたものと同等です。

◆なお、各使用細則モデルのコメントに「この使用細則に規定している事項の取扱いに関しては、マンションの所在地の状況等の個別の事情を考慮して、合理的な範囲内において、その内容に多少の変化を持たせることも差し支えない」とあるように、モデルをそのまま採用するのではなく、各マンションの物件の状況や管理の方針に従ったルールを構築すべきです。

関連項目
Ｉ２⑫使用細則や使用規則とは
Ｉ２⑬使用細則の設定・変更等はどのようにして行うのか（そのための要件は）

① 総会の開催（何のために、だれが開くのか）

総会はマンション全体の維持・管理の内容等について、管理組合としての意思決定を行うために開催するものです。総会の開催は管理者（通常は管理組合の理事長）が区分所有者全員に呼びかけて開催します。

関係法令　区分所有法第34条（集会の招集）

【解説】

◆総会は管理組合の最高の意思決定機関であり、分譲マンション全体の維持・管理にかかわる事項の報告と今後の維持・管理の内容等について審議するために、管理者（通常は管理組合の理事長）が区分所有者全員に呼びかけ開催します。

関係法令　区分所有法第34条（集会の招集）、区分所有法第43条（事務の報告）、標準管理規約第40条（総会）

②　総会は一年に何回開くべきなのか

管理者は少なくとも一年に一回総会を開く必要があります。

【解説】

◆総会は管理組合における最高の意思決定機関であり、会計報告、業務報告、予算案および業務計画案を決議することから、毎年一定時期（会計年度の末日から2カ月以内等）に開催する必要があります。

◆また、定期的に開催する総会（通常総会）のほかに総会で決議すべき事項が発生した場合には、理事会の決議を受け、臨時総会を開催することが必要です。

③ 役員ではないが、総会を招集できるか

一定数以上の区分所有者の同意があれば、総会の招集をすることができます。

◆総会は管理者である理事長が招集しますが、管理者でなくとも原則として区分所有者総数の5分の1以上、かつ総議決権数の5分の1以上の賛成があれば管理者に対し総会の招集を請求することができます。もし管理者が2週間以内に、4週間以内に開催される予定の日を指定して総会招集の通知をしない場合は、その請求した区分所有者が総会を招集することができます。

関係法令　区分所有法第34条（集会の招集）

【解説】

関係法令 区分所有法第34条（集会の招集）、区分所有法第36条（招集手続の省略）

④ 入居してだいぶたつのに、一回も総会が開かれていないのだが

居住者（区分所有者）同士で声を掛け合って、管理組合の設立総会を開く準備を進めましょう。

【解説】

◆マンションの運営管理を行っていくためには、総会は必ず開かれなくてはならないものです。

◆最近分譲されたマンションでは、入居後に管理会社の主導で設立総会が開催されていることが多いですが、管理組合が事実上組織されないまま経過しているマンションでは発起人を募り、総会を開く必要があります。区分所有法では区分所有者と議決権の5分の1以上の請求により総会の開催が可能としていますが、具体的な開催の手続きや会議の進め方がわからない場合は、マンション関連団体や管理会社に問い合わせてみるとよいでしょう。

関連項目
Ⅰ 3①総会の開催（何のために、だれが開くのか）
Ⅰ 3③役員ではないが、総会を招集できるか

⑤ 総会の成立要件および議事の決定方法は

総会の成立要件は区分所有法では定められていませんが、標準管理規約では議決権総数の半数を超える組合員の出席を条件としています（書面や代理人による議決権の行使は出席とみなします）。

議事の決定方法は基本的には過半数の多数決（普通決議事項）ですが、少数意見もできるだけ配慮する必要があります。なお、規約の変更などの重要事項については区分所有者および議決権の各4分の3以上の賛成（特別決議事項）が必要です。

また、区分所有全員の書面による合意があったときは総会の決議があったものとみなされます。


【解説】

◆「区分所有者および議決権の各4分の3以上の賛成による決議」が必要なもの
○共用部分の変更（改良を目的とし、かつ、著しく多額の費用を要しないものを除く）
○規約の設定・変更・廃止
○管理組合の法人化と解散
○建物の保存に有害な行為、区分所有者の共同の利益に反する行為をした人（以下義務違反者という）に対する専有部分の使用禁止請求
○義務違反者に対する区分所有権と敷地利用権の

関係法令 区分所有法第17条（共用部分の変更）、区分所有法第31条（規約の設定・変更及び廃止）、区分所有法第39条（議事）、区分所有法第45条（書面決議）、区分所有法第58条（使用禁止の請求）、区分所有法第59条（区分所有権の競売の請求）、区分所有法第60条（占有者に対する引渡し請求）、標準管理規約第45条（総会の会議及び議事）

【解説】

競売請求
○義務違反の占有者（賃借人）に対する使用差止または契約解除および引渡しの請求
○建物価格の2分の1を超える部分が滅失した場合（大規模滅失）の共用部分の復旧
◆「区分所有者および議決権の各5分の4以上の賛成による決議」が必要なもの
○建替え
◆4分の3以上の賛成が必要な特別決議事項は、区分所有法に列挙されていますが、これに当てはまらなくても、その決議を慎重に行う必要があれば、規約に定めることは自由です。

関連項目 I 2⑨管理規約の内容は、自由に設定・変更してよいか

関係法令 区分所有法第14条（共用部分の持分の割合）、区分所有法第38条（議決権）、区分所有法第40条（議決権行使者の指定）、標準管理規約第44条（議決権）

⑥ 総会における議決権とは何か

各区分所有者が持っている、議決にあたっての権利のことです。各区分所有者の議決権については管理規約で定められているので調べてみて下さい。

【解説】

◆各区分所有者が持っている議決権は、区分所有法において、所有している共用部分の共有持分割合（専有部分の床面積の割合）によりますが、管理規約で別に定めることができるとされており、管理規約に具体的な各区分所有者の議決権の割合が示されています。

◆なお、専有部分の床面積の割合をそのまま用いると、議決権数の計算が複雑になるなど、支障がある場合が多いため、専有部分の床面積の割合に基づき、算定しやすい数字に直した値（例えば、1、1・5、2など）としたり、各住戸の床面積があまり異ならない場合は住戸1戸につき各1個の議決権とすることも可能です。

関係法令　区分所有法第39条（議事）、標準管理規約第44条（議決権）、標準管理規約第45条（総会の会議及び議事）

⑦ 総会への出席者が少ない

管理組合の活動に無関心な者が多く、その結果出席者が少ないのは望ましいこととはいえないでしょう。管理組合の広報誌の内容を充実させて居住者の管理組合活動に対する理解を深めてもらうなど、日常的な努力が必要です。

【解説】

◆区分所有者の無関心を背景とした、委任状ばかりで出席者の少ない総会では、健全な管理組合の運営に支障をきたす可能性が高いといえます。このため、できるだけ区分所有者と情報を共有し、管理組合の活動に対する関心を高めていく必要があります。そのためには一方的な組合活動の報告だけではなく、通常の理事会活動の中で居住者が感じている日常の不満や興味のあるテーマを取りあげて、意思の疎通を深めていく姿勢も求められます。また、居住者同士の交流のきっかけづくりとして、イベントなどを企画することも考えられるでしょう。

◆やむを得ず出席できない組合員についても、代理人を指定する、議長または他の区分所有者に議決権を委任する等の方法だけでなく、各議案に対し書面による議決権を行使するなど、選択肢を用意することが考えられます。

⑧ 区分所有者ではない人が総会に出席できるか

原則として出席できません。ただし、区分所有者以外でも出席できる場合があるので、あなたのマンションの管理規約をご確認下さい。

関係法令 区分所有法第3条（区分所有者の団体）、区分所有法第44条（占有者の意見陳述権）、標準管理規約第43条（出席資格）、標準管理規約第44条（議決権）

【解説】

◆総会に出席できる人は、原則として組合員（区分所有者）ですが、次の場合は組合員以外も出席できます。

○理事会が必要と認めた人（管理業者、管理人等）

○区分所有者の承諾を得て専有部分を占有する人（会議の目的について利害関係を有する場合）

○区分所有者が代理人として認めた人

関係法令 標準管理規約第51条（理事会の会議及び議事）、標準管理規約第52条（議決事項）

① 管理組合の理事会の開催

理事会は、管理組合の業務を行う業務執行機関で、総会に諮る議案の内容等を審議する機関です（意思決定は総会が行います）。

【解説】

◆理事会は区分所有法で定められている機関ではありませんが、通常区分所有者の意思決定機関である総会に対し、区分所有者の代表となる人（理事・役員）が意思決定の対象となる議案を審議する機関として設置されます。

② だれが理事会のメンバーになれるのか

管理組合の理事はそのマンションに居住している区分所有者が望ましいのですが、区分所有法では役員の選任方法は特に規定されていませんので、自らの管理規約の中で定められた方法をとります。

【解説】

◆管理組合の役員について、標準管理規約第33条第2項では「現に居住する組合員」に限定しており、一般にそのマンションに住んでいる組合員(区分所有者)がそのマンションの理事会のメンバーとなります。

◆しかし、区分所有法では現に居住する区分所有者に限定しているわけではないので、小規模なマンションや賃貸化が進んだマンションなど役員のなり手がおらず、円滑な管理組合活動が困難な場合については区分所有者の同居家族や、賃貸化が進んでいるマンションでは不在区分所有者や占有者(賃借人)を役員として選任できるように、管理規約を改正することが考えられます。なお、この場合でも、理事長、副理事長、会計担当理事および監事については、そのマンションの実状に精通し定住性の高い人であることが求められるため、現に居住する組合員に限定することが望ましいでしょう。また、理事に占める不在区分所有者や賃借人の人数に制限を加えることも考えられます。

【解説】

◆役員の選任方法は、輪番制のほか、総会開催時に指名する、選挙を行うなどの方法があり、それぞれの管理組合で適した方法のルール化を図って（例えば、役員選出規則など）いけばよいでしょう。ただし現実には、役員の任期が1年で全員交代の輪番制が大勢を占めているようですが、再任制の活用や2年任期の半数交代にすると管理組合の仕事の内容がよく理解され、運営の継続性を保ちやすいといわれています。

関係法令 標準管理規約第33条（役員）、標準管理規約第34条（役員の任期）、標準管理規約第33条関係コメント、標準管理規約第34条関係コメント

関連項目 Ⅰ 4④理事のなり手がいない

③ 理事会の人数は何人くらいが適当か

おおむね10～15戸に1名程度、マンションの規模（戸数規模など）に応じて最低3名程度、最高20名程度が適当と考えられます。

関係法令　標準管理規約第33条関係コメント

◆通常、管理規約に役員についての定め（例えば、理事長、副理事長○名以内、会計担当理事○名以内、理事○名以内、監事○名以内）がありますが、

【解説】

ここでは標準管理規約に示されている理事の員数についての内容をもとに、一つの目安を示しました。

④ 理事のなり手がいない

最初は誰でも素人ですから、輪番やくじ引きなどで引き受けることになった人でも管理組合の業務が簡単に理解できるような工夫をしたり、困ったときは役員経験者のアドバイスをもらうシステムとすること等が考えられます。

【解説】

◆管理組合の仕事を理解してもらうためにも、できるだけ多くの人が理事の仕事を経験するのが理想的ですが、しかし一方で単純な輪番制では仕方なく理事を引き受け、その場しのぎに終始してしまうことも多いと思われます。そのため、役員経験者のアドバイスを受けながら「なり手」を育てていく体制づくりを進め、例えば運営を円滑に行うために管理組合の業務の進め方など、以下の内容についてわかりやすく整理した「管理組合事務引継マニュアル」を作成することなどを検討してみるのもよいでしょう。

○マンションの維持・管理の仕組みと管理組合の役割の概要

○理事会および総会の年次開催スケジュール

関係法令　標準管理規約第35条（役員の誠実義務等）

【解説】

○理事会および総会の招集方法と運営方法
○各担当理事の業務内容と年次計画
○管理会社への委託の内容　等

◆その他にも、理事に報酬を与えることや、理事の負担を軽減させるために専門部会をつくること、また、区分所有法では理事を現に居住する区分所有者に限定しているわけではありませんので、小規模なマンションや賃貸化が進んだマンションなど役員のなり手がいなくて円滑な管理組合活動が困難な場合については、区分所有者の同居家族や、賃貸化が進んでいるマンションでは不在区分所有者や占有者（賃借人）を役員として選任できるように管理規約を改正することが考えられます。なおこの場合でも、理事長、副理事長、会計担当理事および監事については、そのマンションの実状に精通し定住性の高い人であることが求められるため、現に居住する組合員に限定することが望ましく、あるいは理事に占める不在区分所有者や賃借人の人数に制限を加えることも考えられます。

関連項目　Ⅰ 4②だれが理事会のメンバーになれるのか

① マンションの管理における管理会社の役割は

一般に、管理組合は管理に必要となる専門的技術や知識が不足し、また時間的にも制約が多いため、管理組合の委託を受けて管理業務の実務を担うのが管理会社の役割です。

【解説】

◆マンションを管理するのは管理組合であり区分所有者全員ですが、一般に管理組合は管理の実務について素人集団であり、管理業務の実施に必要となる専門的技術や知識が不足しています。また、さまざまな職業や生活パターンを持つ人々の集団であるため、時間的にも管理業務を実施することが困難です。

◆そこで、マンションの管理主体である管理組合が管理規約に基づき管理業務の実施を管理会社に委託することになります。

◆したがって、管理組合からの委託を受け、委託契約内容に従い管理業務の実務を担うのが管理会社の役割となります。

関係法令　標準管理規約第32条（業務の委託等）、標準管理委託契約書第21条（誠実義務等）

② 標準管理委託契約書とは

「中高層共同住宅標準管理委託契約書」は昭和57年に建設省（当時）が作成したマンションの管理委託契約のひな形です。委託契約書の作成はこれをもとに諸条件に合わせて改変するよう指導されており、現在の契約書との違いを見比べてみることにより委託内容の特徴を確認することができます。

【解説】

◆管理委託契約書の内容が不十分であることが原因のトラブルが頻発したため、建設省（当時）は管理委託契約書のひな形を作成しました。管理会社への委託内容を明確化し、管理組合、居住者と管理会社の間で起こるトラブルをなくすことがこの標準管理委託契約書の狙いです。

◆委託契約の内容を説明するときは、標準管理委託契約書を添えて、その違いを明らかにするようにとの通達を出していることから、標準管理委託契約書と見比べて内容を確認しておくことが必要です。

◆なお、この標準管理委託契約書では、委託業務として次の四つをあげています。

○事務管理業務　出納、会計など
○管理員業務　受付、点検など
○清掃業務
○設備管理業務　建物や設備の点検と整備

関係法令　「中高層共同住宅（マンション）に係る管理規約等について」（昭和57年5月21日建設省計動発第69号・建設省住民発第31号）、「中高層分譲共同住宅（マンション）に係る管理の適正化及び取引の公正の確保について」（平成4年12月25日建設省経動発第106号・建設省住管発第5号）

③ 管理会社が業務を十分に行ってくれない

管理会社と契約しているのは、区分所有者個人ではなく管理組合です。そこで、まず管理組合の理事会で管理委託契約書の内容をチェックして下さい。委託契約書には委託業務内容を示す業務仕様書がついていますので、この内容通りに業務が実施されているかを確認し、その結果をもとに管理会社と交渉してみて下さい。

【解説】

◆通常、管理会社との委託契約は区分所有者個人ではなく管理組合との間で取り交わされており、理事会等に申し入れ管理組合として事実関係を把握した上で、交渉する必要があります。

◆また、管理会社の立場に立てば、委託契約の内容を超えた内容であっても、なんでも管理会社がやってくれるという姿勢で対応を求められる場合も想定されます。このため「管理会社がきちんと業務を行ってくれない」という内容を確認し、これを管理委託契約の内容と照らし合わせ、管理会社に業務改善の交渉に当たる明確な根拠を整理することが重要です。

◆なお、業務内容に対して管理費が高いということが問題となる場合については、同一の委託内容で他のいくつかの管理会社に見積書の提出を要請し、比較することが考えられます。

関係法令　標準管理委託契約書別表

関係法令 標準管理委託契約書第19条（本契約の有効期間）、標準管理委託契約書第20条（契約の更新）

④ 管理会社との契約内容を変更したい

まず、管理組合の理事会で管理会社との間で取り交わされている管理委託契約書の内容を確認し、変更する内容について十分検討して下さい。例えば全面委託から部分委託に切り替えるのであれば、委託内容から除外する業務にどのように対応するのかについても検討することが必要です。そのうえで管理会社に対し委託業務の仕様変更を申し出て、見積書の提出を要請して下さい。

【解説】

◆「契約内容を変更したい」という意向の理由と具体的内容を確認することが重要です。

◆例えば、委託内容を縮小するのであれば、除外する業務に対し具体的にどのように対応するのか、対応に支障がないのかを検討する必要があります。

◆また、契約内容の変更に伴い、委託費用（管理費等）が変更されることもあるので、見積書の提出を要請し、金額を確認（できれば、他の管理会社数社からも見積もりの提出を受け、比較検討）することが必要と考えられます。

◆なお、契約内容の変更にあたっては、管理委託契約書の内容に定められた契約期間満了前の日時までに申し入れ、協議することになります。

関連項目 I 5⑨自主管理と委託管理とは

⑤ 管理会社を替えたいのだが

なぜ替える必要があるのか理事会などで十分検討して下さい。もしどうしても替える必要があるのならば、管理委託契約の内容を確認し、会社の変更の準備をしましょう。契約の内容によっては管理会社の変更に特別の条件がつけられていたり、中途解約が難しかったりするので注意が必要です

【解説】

◆理事会の協議や総会の決議の結果、管理会社を変更することが決まったら、契約期間や管理会社変更の条件などを、管理委託契約書で確認する必要があります。解約に伴って生ずる費用は管理組合で負担するよう契約書や規約で定めているところもあります。

◆中途解約については、個々の委託契約書によってその内容は異なっているので、確認が必要です。

◆次に、アンケートなどによって組合員のニーズを把握し、現在のままのサービスでよいのか、管理組合の意向を汲んだ内容に変更するのかなど、新しい管理会社への管理委託の内容を決めます。その後、統一の仕様書によって、複数の管理会社に見積もりを提示してもらい、直接説明を受けた上で契約会社を決定します。

◆管理業務の空白期間をつくらないために、次の

関係法令 標準管理委託契約書第18条（契約の解除）、「中高層分譲共同住宅管理業者登録規程」（昭和60年8月5日建設省告示第1115号）

【解説】

管理会社にスムーズに引き継ぐことが大切です。

◆管理室が分譲会社や管理会社の所有になっている場合もあるので、十分注意する必要があります。

◆なお、良い管理会社のポイントとしては

○中高層分譲共同住宅管理業者登録規程に登録された業者であるか

○中高層分譲共同住宅管理業務処理準則を守っているか

○管理組合財産である修繕積立金の通帳名義を管理組合理事長名としているか

○緊急時に即応できる体制が整っているか

○管理組合の運営に対するアドバイスを積極的に行うことができるか

○業務報告、管理費未納者報告などが定期的に行われているか

○業務受託仕様書、決算書等の内訳が細かく分類されているか

などが目安になると思われます。

⑥管理会社との委託契約の期間は

委託契約書に契約の期間が定められているので調べてみて下さい。通常では1～2年ごとに契約の更新を行うことが多くなっています。

◆契約期間は管理委託契約書に明示されているので、それを参照すれば自分のマンションの契約期間を確認することができます。

◆契約期間が長いと、管理組合の業務の変更が必要となったとき柔軟な契約内容の変更ができないことがあるので注意が必要です。

【解説】

◆標準管理委託契約書では自動更新を認める内容となっていますが、委託契約の内容をチェックし、書面で更新の意思を確認するのが一般的です。

◆暫定的な契約については、標準管理委託契約書第20条第2項に暫定特約条項があります。

関係法令 標準管理委託契約書第19条（本契約の有効期間）、標準管理委託契約書第20条（契約の更新）

関係法令　標準管理規約第33条（役員）、標準管理規約第36条（理事長）

⑦ 管理組合の理事長が選出されていないので、理事長の業務を管理会社が代行しているが

特別な場合を除き、理事長は区分所有者から選ばれるべきであり、早急に総会を開催し、区分所有者の中から理事長を選任して下さい。

【解説】

◆新築マンションにおいては、まったく見ず知らずの人々の集団において管理組合という組織を設立することになるため、管理組合設立総会を開催するまで管理会社に面倒を見てもらうことが多く、また、理事長が選任されず理事長の業務を管理会社が代行する場合が考えられます。

◆たしかに、管理組合の理事会のメンバーも理事長も区分所有法では区分所有者以外がなることを否定していません。しかし、標準管理規約では「現に居住する組合員」（すなわち、当該マンションに住んでいる区分所有者）に限定していること、また、管理組合の代表者でその業務を統括する役割を担う管理者には理事長がなることになっていることから、一般的には早急に管理組合の総会を開催し、区分所有者の中から理事長を選任することが必要です。

◆ただし、建築後間もないマンションや、区分所有者のほとんどが居住しない場合の多い投資用マンションやリゾートマンションなどでは、管理会社が理事長業務を代行する場合があるので、管理規約を確認する必要があります。

関連項目
I 1⑧管理者とは（だれがなるのか、その権限・役割は）
I 3①総会の開催（何のために、だれが開くのか）

⑧ 管理会社と上手につきあうために

単なる管理業務の委託機関とするだけでなく、役割分担を明確にしてマンション管理の専門家集団である管理会社を良きパートナーとして積極的に活用しましょう。

関係法令　標準管理委託契約書第21条（誠実義務等）

【解説】

◆管理会社は、管理業務の専門会社として管理組合の事務を補完し、適切なアドバイスを提供することを役割としています。そしてたいていは他にいくつものマンションを管理しているため、マンション管理にかかわるさまざまな情報を蓄積し、問題解決のノウハウを持っています。

◆このため、マンションの維持・管理の主体は管理組合であるという認識のもとに、管理会社との役割分担を明確にし、管理会社を良きパートナーとして活用する姿勢が重要となります。

関係法令　標準管理規約第31条（業務）、標準管理規約第32条（業務の委託等）

⑨ 自主管理と委託管理とは

自主管理とは、管理会社への委託を行わず、居住者が協力して管理組合の業務を分担する管理形式で、それに対し全面委託管理は、管理組合の業務を全面的に管理会社に委託する方式を指します。また、一部委託管理とはこの中間であり、管理業務のうち一部を管理会社に委託する方式です。

【解説】

◆マンションの管理形式は、管理組合と管理会社の間で交わされる委託業務契約の内容により、自主管理、一部委託管理、全面委託管理の大きく三つに分けることができます。自主管理の場合は管理会社には委託をしませんが、設備管理業務などでは専門的な資格が必要なこともあり、専門業者との契約は個別に行っています。

◆各マンションにより、人材、環境、資金などの条件が違うため一概にどの方法がよいということはいえませんが、どちらにしても管理組合が運営方針のイニシアチブを握る必要があることに変わりはありません。

⑩ 自主管理に切り替えたいのだが

まず、区分所有者全員が役割を分担し、自主管理を行うという意思統一を図って下さい。

【解説】

◆自主管理は、管理組合が必要な管理業務ごとに直接業者に発注したり、日常清掃などの可能な内容については区分所有者が分担して行うなどして、必要な管理業務を実施する管理形態で、その実施については区分所有者全員の合意のもとに取り組まなくては継続することが困難です。

◆また、それまで委託していた管理会社に、その後の管理に必要な書類等（管理費、修繕積立金の印鑑、通帳、図面類、点検業務報告書、共用部分の鍵など）が保管されている場合が多く、これを確認し、管理組合で管理保管することが必要です。

関連項目　Ⅰ 5 ⑨自主管理と委託管理とは

関係法令　「中高層分譲共同住宅管理業務処理準則の施行及び運用について」（昭和62年4月28日建設省経動発第35号）

⑪ 管理員がきちんと仕事をしてくれない

管理委託仕様書により委託業務の内容を確認し、管理会社に業務改善のお願いをしましょう。改善の兆しが見られないときは管理員の変更を請求することになります。

◆まず、委託業務内容を明示する「業務仕様書」、管理員の勤務時間、業務の範囲などを記録した「実施報告書」などをチェックして、契約のとおりに仕事をしていない場合には改善の申し入れを行います。

【解説】

◆マンション全体の問題ですので、個々の居住者が気がついたことでも管理組合を通して交渉をします。また、交渉は管理会社に対して行い、あまり管理員に直接不満を伝えない方がよいでしょう。

⑫ 管理事務室や集会室が管理会社や分譲会社の所有だが、問題はないか

管理事務室や集会室は規約共用部分とされている場合が多く、管理会社や分譲会社の所有となっていることは本来の目的に使えなくなることもあり、問題と考えられます。管理規約において共用部分もしくは専有部分として定められているかどうか、また登記簿謄本で所有者がだれであるかを確認して下さい。

【解説】

◆本来、管理事務室や集会室は建物全体の維持管理に必要なものであり、区分所有者全員の共用物です。特に管理事務室には、通常各専有部分を集中管理する消防設備、警報装置などが存在し、マンション全体の維持管理に必要不可欠の機能を持っています。

◆また、管理会社を替えるような状況となった場合、管理事務室が使用できなくなるなどのトラブルの発生も考えられます（分譲会社が所有しているケースであっても、このような場合、その分譲会社と関係の深い管理会社が管理業務を受託している場合がほとんどと考えられ、トラブルの発生が想定されます）。

◆したがって、管理事務室や集会室は共用部分（規約共用部分）とすべきであり、管理会社や分譲会社の所有であること、すなわち特定の人の所

関係法令　標準管理規約第8条（共用部分の範囲）、標準管理規約別表第2共用部分の範囲

有権の対象となり、専有部分となっていることは、管理事務室や集会室が果たす機能から考えて問題と考えられます。

【解説】

◆管理事務室や集会室が登記され管理規約に専有部分として定められている場合の対応策としては、管理組合の総会で当該部分を買い取る決議を行い、併せて規約共用部分として決議し登記し直すことが考えられます。

関連項目
Ⅱ１②規約共用部分と法定共用部分とは
Ⅱ１③管理人室は専有部分か、共用部分か

① 共同の利益に反する人にどのような対応をしたらよいのか

管理規約を守らないなど、マンション居住者の共同の利益に反する人に対しては、管理組合が改善の申し入れを行います。また、集会の決議等により強制力を伴わせることができるように区分所有法では定めています。しかし、あくまでも同じ建物の居住者ですから、話し合いで穏便に解決することが理想的です。

【解説】

◆「共同の利益に反する」とは、管理費等を滞納し続ける、規約を守らない等、マンションの良好な管理・運営を妨げる行為を指します。

◆まず、管理組合は未然にトラブルを防ぎ、問題を最小限にくい止めるよう努力しなければなりません。もちろん居住者間のトラブルである場合であっても、共用部分にかかわることなどマンション全体に影響する場合については、管理組合が双方の言い分を聞く機会を設けるなど、仲裁を行うべきです。

◆もし、共同の利益に反する人が話し合いに応じない場合は、訴訟時に権利主張の証拠となる配達証明付き内容証明郵便を送り、法的手続きも辞さないという意思を伝えるとよいでしょう。

◆それでも、例えば暴力団の事務所化など共同生活上の障害が著しく、管理上共同生活の維持に重

関係法令 区分所有法第6条（区分所有者の権利義務等）、区分所有法第57条（共同の利益に反する行為の停止等の請求）、区分所有法第58条（使用禁止の請求）、区分所有法第59条（区分所有権の競売の請求）、区分所有法第60条（占有者に対する引渡し請求）、標準管理規約第45条（総会の会議及び議事）

大な影響を及ぼす場合は、区分所有法では、共同の利益に反する行為の停止等の請求を普通決議で、また、その居住者の住宅の使用の禁止、引き

【解説】

渡しの請求などを区分所有者総数の4分の3以上、かつ総議決権数の4分の3以上の賛成に基づく特別決議で行うことができると定めています。

関連項目
Ｉ３⑤総会の成立要件および議事の決定方法は
Ｉ３⑥総会における議決権とは何か

② 裁判（訴訟）に持ち込むべきかどうか

裁判（訴訟）に持ち込むのは最終手段であり、多額の費用と時間、労力が必要になります。裁判（訴訟）は可能な限り避け、当事者同士の交渉で解決できないかもう一度考えてみて下さい。

【解説】

◆裁判（訴訟）にまで発展するトラブルとしては、管理費、修繕積立金の滞納者に対する支払い請求、管理会社とのトラブル、迷惑入居者に対する義務違反行為等の差止請求、専有部分の使用禁止、競売請求等があります。

◆しかし、訴訟を起こすためには、弁護士費用など金銭的に大きな負担を伴うとともに、多くの時間と労力が必要になります。

◆また、訴訟は、通常の場合、総会の決議に基づき管理組合の理事長（管理者）が起こすことになり、マンション全体の問題として管理組合での意思統一も必要となってきます。

◆したがって、安易に訴訟に持ち込むことは避け、訴訟は十分な問題解決のための交渉を行った末の最終手段とすべきです。

◆訴訟に持ち込むことが不可避と判断される場合は、通常、組合代表者の理事長が原告となり、一般的には訴訟代理人としての弁護士に依頼するケ

関係法令 区分所有法第26条（権限）、区分所有法第57条（共同の利益に反する行為の停止等の請求）、区分所有法第58条（使用禁止の請求）、区分所有法第59条（区分所有権の競売の請求）、標準管理規約第46条（議決事項）、標準管理規約第64条（合意管轄裁判所）

ースが想定されます。この際、弁護士費用等の諸費用がどの程度かかるのか、その費用をどのようにして確保するのかなどを確認することが必要になるほか、訴訟を行うことは総会決議事項であり、総会を開催した上で、内容の説明と所要の費用を予算化した上で承認を受けなければなりません。

【解説】

◆なお、管理費等の滞納に係わる訴訟については、滞納額が30万円以下である場合は、1回の審理で判決が出る少額訴訟制度が平成10年1月1日から簡易裁判所で実施されており、東京地裁に同制度についての相談窓口が設置されています。

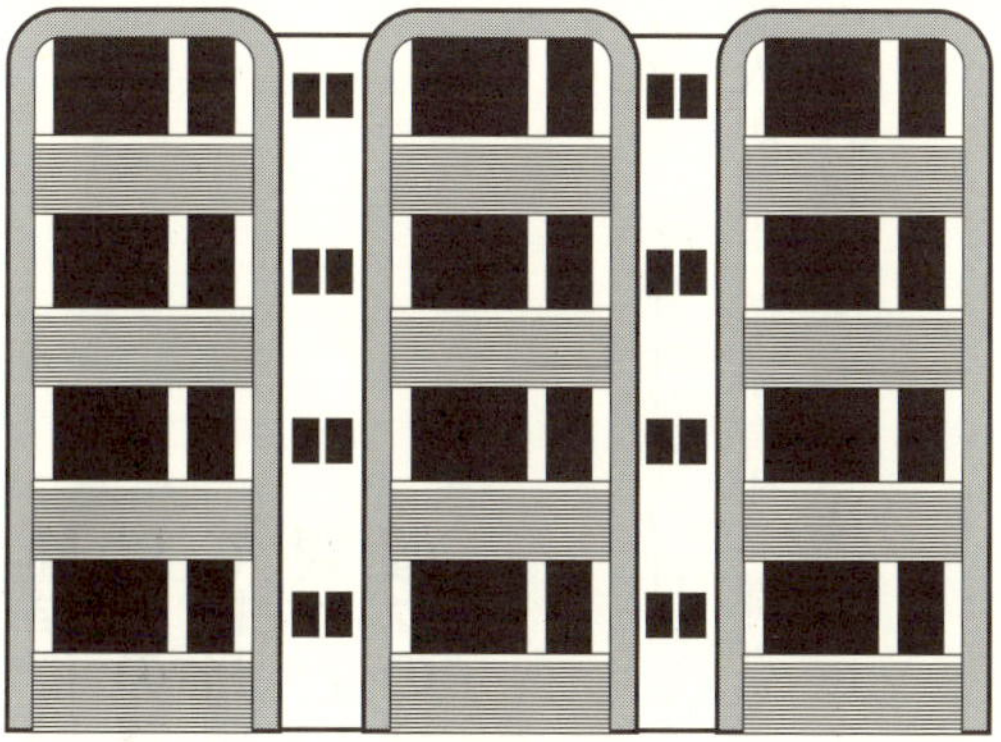

Ⅱ

日常生活にかかわるトラブルとその対応

1 専有部分か共用部分かの判断
2 専用使用権の用途違反等
3 ペットの飼育、騒音
4 マンションにおける事故
5 事務所利用、賃貸化

① 専有部分と共用部分をどのように判断するのか

簡単にいえば室内空間とその表面が専有部分で、共用部分は専有部分以外の建物と、建物の付属物を指します。区分所有者が自由に改変しても問題はないか、良好な居住環境の維持のために統一した管理が必要かという点が基本的な判断の基準となりますが、詳細については個々の管理規約により違いがありますので、確認して下さい。

【解説】

◆専有部分は区分所有権の目的たる建物の部分で、個人が独占して所有する部分であり、原則として自らの判断により改良・売却などができます。

◆共用部分は、専有部分以外の建物の部分（廊下、階段など）、専有部分に属しない建物の付属物（アンテナ、エレベーターなど）および区分所有法第4条第2項の規定により共用部分とされた付属の建物（管理事務所、集会所など）をいいます（以上は区分所有法第2条の定義によります）。

◆標準管理規約では、バルコニーや住戸に面する窓枠・窓ガラスは共用部分ですが、専用使用が認められています。

◆また、配管の管理方法については、標準管理規約の改正により「配管の枝管等専有部分である設備のうち本管等共用部分と一体となった部分の管理については、本管等の共用部分の管理と一体として行った方が適当な場合が多いことから、管理組合が一体として管理を行うことができるよう」規定が設けられました（標準管理規約単棟型第21条等）。

◆なお、壁については、専有部分を壁の表面までとする区分（内法基準）と、壁の中心線までとする区分（壁心基準）の考え方がありますが、壁が構造上主要な部分であったりするため、通常は壁の表面までを専有部分としています。

◆これら専有部分と共用部分の区別は、はっきりしていないところもあるため、あらかじめ規約に詳しく定めておくことが望まれます。

◆なお、共用部分と専有部分の区分の基本的考え方は、図に示すとおりです。

関係法令 区分所有法第2条（定義）、区分所有法第4条（共用部分）、標準管理規約第7条（専有部分の範囲）、標準管理規約第8条（共用部分の範囲）、標準管理規約第21条（敷地及び共用部分等の管理）、標準管理規約第7条関係コメント、標準管理規約第21条関係コメント

■ 専有部分と共用部分の区分の考え方

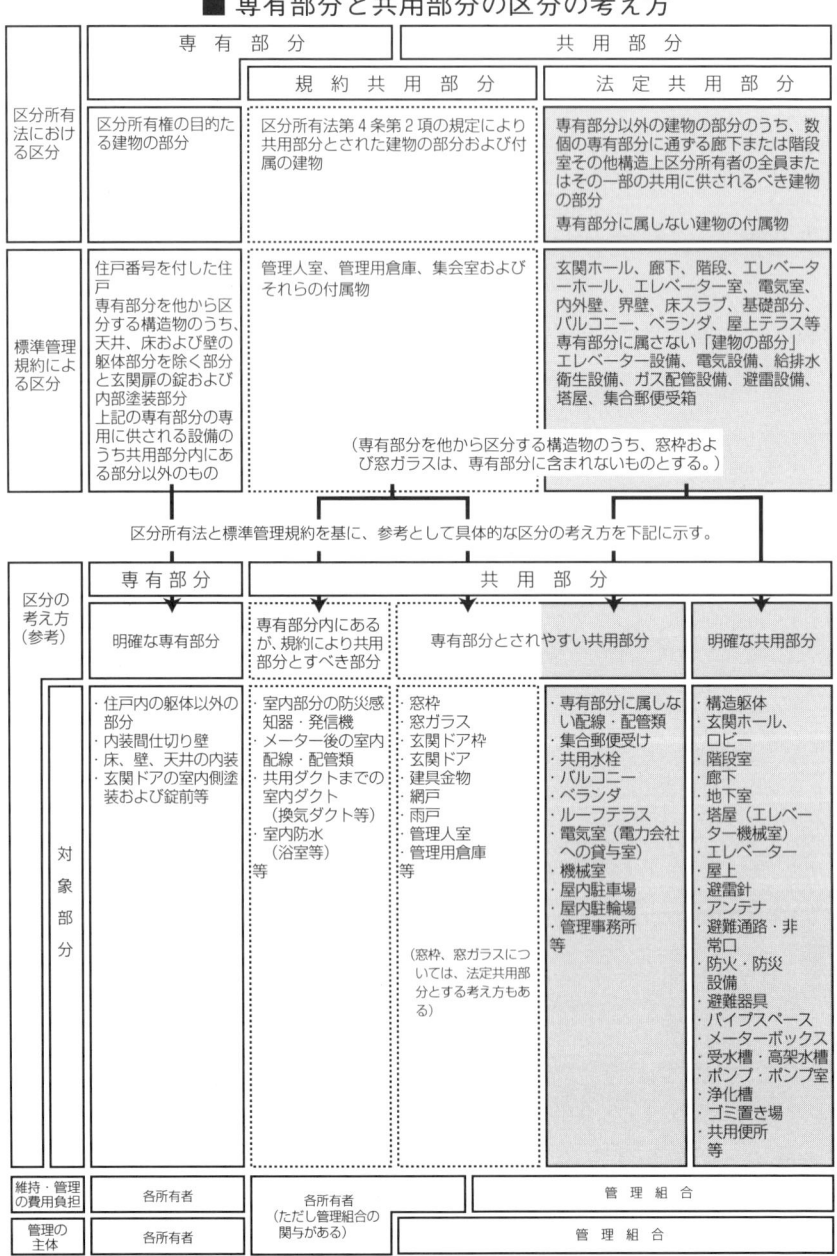

	専有部分	共用部分	
		規約共用部分	法定共用部分
区分所有法における区分	区分所有権の目的たる建物の部分	区分所有法第４条第２項の規定により共用部分とされた建物の部分および付属の建物	専有部分以外の建物の部分のうち、数個の専有部分に通ずる廊下または階段室その他構造上区分所有者の全員またはその一部の共用に供されるべき建物の部分 専有部分に属しない建物の付属物
標準管理規約による区分	住戸番号を付した住戸 専有部分を他から区分する構造物のうち、天井、床および壁の躯体部分を除く部分と玄関扉の錠および内部塗装部分 上記の専有部分の専用に供される設備のうち共用部分内にある部分以外のもの	管理人室、管理用倉庫、集会室およびそれらの付属物	玄関ホール、廊下、階段、エレベーターホール、エレベーター室、電気室、内外壁、界壁、床スラブ、基礎部分、バルコニー、ベランダ、屋上テラス等 専有部分に属さない「建物の部分」 エレベーター設備、電気設備、給排水衛生設備、ガス配管設備、避雷設備、塔屋、集合郵便受箱

（専有部分を他から区分する構造物のうち、窓枠および窓ガラスは、専有部分に含まれないものとする。）

区分所有法と標準管理規約を基に、参考として具体的な区分の考え方を下記に示す。

	専有部分	共用部分			
区分の考え方（参考）	明確な専有部分	専有部分内にあるが、規約により共用部分とすべき部分	専有部分とされやすい共用部分		明確な共用部分
対象部分	・住戸内の躯体以外の部分 ・内装間仕切り壁 ・床、壁、天井の内装 ・玄関ドアの室内側塗装および錠前等	・室内部分の防災感知器・発信機 ・メーター後の室内配線・配管類 ・共用ダクトまでの室内ダクト（換気ダクト等） ・室内防水（浴室等） 等	・窓枠 ・窓ガラス ・玄関ドア枠 ・玄関ドア ・建具金物 ・網戸 ・雨戸 ・管理人室 ・管理用倉庫 等 （窓枠、窓ガラスについては、法定共用部分とする考え方もある）	・専有部分に属しない配線・配管類 ・集合郵便受け ・共用水栓 ・バルコニー ・ベランダ ・ルーフテラス ・電気室（電力会社への貸与室） ・機械室 ・屋内駐車場 ・屋内駐輪場 ・管理事務所 等	・構造躯体 ・玄関ホール、ロビー ・階段室 ・廊下 ・地下室 ・塔屋（エレベーター機械室） ・エレベーター ・屋上 ・避雷針 ・アンテナ ・避難通路・非常口 ・防火・防災設備 ・避難器具 ・パイプスペース ・メーターボックス ・受水槽・高架水槽 ・ポンプ・ポンプ室 ・浄化槽 ・ゴミ置き場 ・共用便所 等
維持・管理の費用負担	各所有者	各所有者（ただし管理組合の関与がある）	管理組合		
管理の主体	各所有者	各所有者（ただし管理組合の関与がある）	管理組合		

関連項目 Ⅱ１②規約共用部分と法定共用部分とは

② 規約共用部分と法定共用部分とは

共用部分には、区分所有法で定められているものと、これ以外に個々のマンションの特性に応じて管理規約で定められているものがあります。区分所有法で定められている共用部分を法定共用部分といい、管理規約で定められている共用部分を規約共用部分といいます。なお、一部の区分所有者のみの共用に供されるべきことが明らかな共用部分は、一部共用部分といいます。

【解説】

◆法定共用部分とは、次に例示する区分所有法で定められている共用部分のことです。

○専有部分以外の建物の部分（区分所有法第4条第1項）：廊下、階段室、玄関ホール、エレベーター室、屋上、外壁、建物の躯体等

○専有部分に属しない建物の付属物（区分所有法第2条第4項）：エレベーター設備、配線の基幹部分、配管の本管部分、消防設備等

◆規約共用部分とは、法定共用部分とは別に、本来専有部分となり得るものを規約で定めることにより共用部分とすることができる次に例示するものです。

○規約により共用部分とされた付属の建物（区分所有法第4条第2項）：別棟の倉庫、物置、管理事務所、集会所等

○規約により共用部分とされた本来専有部分とな

関係法令 区分所有法第2条（定義）、区分所有法第4条（共用部分）、区分所有法第11条（共用部分の共有関係）、区分所有法第16条（一部共用部分の管理）、区分所有法第21条（共用部分に関する規定の準用）

1 専有部分か共用部分かの判断

【解説】

り得る建物の部分（区分所有法第4条第2項）‥
マンション内の集会所や管理事務室等
◆また、一部共用部分とは、低層階に商業店舗が併設されている場合の店舗専用のエレベーターのように、一部の区分所有者のみの共用に供されるべきことが明らかな共用部分を指し、これらも法定共用部分と規約共用部分に分けることができます。

関連項目 Ⅱ１①専有部分と共用部分をどのように判断するのか

関係法令　標準管理規約第8条（共用部分の範囲）、標準管理規約別表第2共用部分の範囲

③ 管理人室は専有部分か、共用部分か

管理人室は管理会社の専有部分となっている場合がありますが、規約共用部分とすべきです。通常は支障がなくても、管理会社変更の際に大きな問題となる可能性があります。

【解説】

◆管理人室は区分所有の専有部分とすることもできますが、通常はこれを規約で共用部分と定めています。これは、管理人室はマンションの維持管理を円滑に行うことを目的とした施設であり、すべての区分所有者のために供されるべきものだからです。ちなみに、管理人室を管理会社の専有部分としていたために、管理会社を変更するにあたり管理組合が管理人室の買い取りを求められたという事例もあります。

関連項目
Ⅱ１②規約共用部分と法定共用部分とは
Ⅰ５⑫管理事務室や集会室が管理会社や分譲会社の所有だが、問題はないか
Ⅰ５⑤管理会社を替えたいのだが

④ 共用部分の変更はどのようにして行うのか

共用部分の変更は原則として区分所有者総数の4分の3以上、かつ議決権総数の4分の3以上の賛成があれば、また費用があまりかからない改良目的の変更の場合は区分所有者および議決権の各過半数の賛成で変更することができます。

なお、どのような共用部分の変更が多額の費用を必要とする変更に当たるのかについて、事前に検討し、管理規約に定めておくことも必要と考えられます。

【解説】

◆区分所有法では、共用部分の変更（その形状、効用を著しく変えること）について改良を目的とし、かつ著しく多額の費用を要しないものとそれ以外に分け、後者を第17条で、前者を第18条で規定しており、後者（多額の費用を要する場合）については総会における特別多数決による決議、前者（多額の費用を要しない場合）については総会の普通決議で決めることができるとしています。

◆なお、議決要件については、規約で区分所有者数を過半数まで減じることも可能であり、管理規約の内容を確認することが必要です。

◆また、「著しく多額の費用」の判断については

関係法令 区分所有法第17条（共用部分の変更）、区分所有法第118条（共用部分の管理）

明確な基準はなく、区分所有者の資力や修繕積立金の状況（取り崩しが必要かどうか）等に応じて個別に判断することになります。このため、できれば、「著しく多額の費用」に該当する具体的な戸当たりの負担額や、どのような共用部分の変更が多額の費用を要する変更に該当するのかについて事前に検討し、管理規約に定めておくことが必要と考えられます。なお、具体的な金額を定める際には、物価上昇などにより年月の経過とともに実態にそぐわなくなる可能性を考慮する必要があります。

【解説】

II 日常生活にかかわるトラブルとその対応

関連項目
I 3 ⑤ 総会の成立要件および議事の決定方法は
I 3 ⑥ 総会における議決権とは何か

① 専用使用権とは

例えば一階の住戸に面する専用庭や各住戸に接するバルコニーのように、敷地や共用部分でありながら、通常、特定の区分所有者だけが専ら使うことができ、その他の者は使うことのできない部分を専用使用部分といい、専用使用部分を使う権利のことを専用使用権といいます。

◆専有部分にはあたらないが、特定の区分所有者の独占的な使用が通常の利用形態であるものについては、これを規約で定めた場合に、専用使用権を認めています。ただし、あくまでも共用部分であり、利用方法に制限がつくことに留意する必要があります。

【解説】

◆なお、専用使用権とは便宜上使われている言葉で、法律上の権利を保障するものではありません。

◆専用使用権の設定された箇所の修理は、大規模修繕工事の一環として行う場合は管理組合が費用を負担しますが、居住者の過失が原因であるときは、通常その区分所有者が負担をしています。

関連項目　Ⅱ 1①専有部分と共用部分をどのように判断するのか

② バルコニーやベランダ、屋上テラス（ルーフバルコニー）は勝手に利用してもよいか

各戸に付属しているバルコニーやベランダは共用部分であり、各戸の人だけが利用する性格があることから専用使用を認められているに過ぎません。また、これらの部分は多くの場合、万一のときの避難路となっています。したがってその利用には自ずとルールがあり勝手に使用してはいけません。管理規約や使用細則の内容を確認してみて下さい。

【解説】

◆バルコニーやベランダ、屋上テラス（ルーフバルコニー）は、構造的に建物全体の躯体の一部であることから法定共用部分です。しかし、各住戸に付属し、各住戸の区分所有者が排他的に利用できることから専用使用権を認められているのが一般的です。

◆これらの部分は避難通路としての機能を持っている場合が多く、また、例えば居室としての使用に耐える構造的強度を持たない場合が多いと考えられます。

◆したがって、物置を設置したり温室や居室にしたりすることは許されません。また、若干の植木鉢を並べる程度のことは問題ないと考えられますが、マンション全体の美観保持等を目的として、管理規約および使用細則によってその利用制限が加えられる場合があります。

関係法令 火災予防条例（東京都条例第65号）第54条（避難施設の管理）

関連項目 Ⅱ1①専有部分と共用部分をどのように判断するのか

③ 専用庭のついた一階の住戸に住んでいるが、使用料を払わなくてはならないのか

敷地は区分所有者の専有割合に応じた共有になっています。専用庭は敷地の一部を独占的に利用していますから、その使用料を払うのが一般的です。

【解説】

◆敷地は区分所有者全員の専有割合に応じた共有であるため、専用庭として排他的に利用するためには、バルコニーと同様の専用使用権が設定される必要があります。

◆全戸にバルコニーがあるような場合は、使用料の徴収をしませんが、専用庭のように特定の区分所有者のみが共用部分を使用する場合は、通常負担の公平性の観点から、使用料金の設定がされています。

関係法令 標準管理規約第9条（共有）、標準管理規約第14条（バルコニー等の専用使用権）、標準管理規約第14条関係コメント

関連項目 Ⅱ２④専用庭のついた一階の住戸に住んでいるが、自由に利用してよいのか

④専用庭のついた一階の住戸に住んでいるが、自由に利用してよいのか

庭の専用使用権が認められているとしても、あくまでマンションの共有敷地であるので、管理組合が定める使用細則等の取り決めを守らなくてはなりません。

【解説】

◆通常、区分所有建物の敷地は専有面積割合による持分の共有となっており、専用庭が共有敷地であるかどうかは規約によって確認することができます。

◆なお、禁止行為としては次のような項目が考えられます。

○家屋、倉庫、物置、サンルーム、ビニールハウス、縁側、遊戯施設その他工作物（地下または高架の工作物を含む。）の設置または築造

○専用の配線、配管、アマチュア無線アンテナ、音響機器および照明機器等の設置

○コンクリートの打設および多量の土砂の搬入または搬出

○他の専有部分の眺望、日照、通風に影響を及ぼすおそれのある樹木その他の植物の栽培等

○配線、配管、フェンスその他の共用部分等の保存に影響を及ぼすおそれのある掘削または使用

○その他専用庭の通常の用途以外の使用

（以上の出典は、中高層共同住宅使用細則モデル「専用庭使用細則」）

◆また、使用細則において、禁止行為を行った場合や適正な管理を行わなかった場合、当該占有者（賃借人）または区分所有者に対し原状回復の義務を定めることも考えられます。

【解説】

関係法令 標準管理規約第14条（バルコニー等の専用使用権）

関連項目 Ⅱ 2 ③専用庭のついた一階の住戸に住んでいるが、使用料を払わなくてはならないのか

⑤ 敷地内の駐車場を借りているが、駐車場付きということで売却できるか

通常、駐車場は専有部分として設定されていないので、そのような場合は駐車場付きという条件で売ることはできません。

【解説】

◆敷地内の平面駐車場は、区分所有者全員の共有物である敷地の一部を、駐車場使用契約により排他的に使用しているに過ぎません（なおマンション建物内の一階や地下の駐車場については、その構造上の独立性等から専有部分となる場合があります）。

◆このような駐車場を借りている場合（駐車場使用契約をしている場合）については、敷地が共有物であり、また、駐車場の使用は契約に基づく管理組合と区分所有者間の取り決めであることから、区分所有権を売却した時点で契約が無効となり、駐車場付きということで売却することはできません。

◆「専用使用権」という表現が自由に処分できる権利と解釈され誤解を招くことから、標準管理規約では駐車場について「専用使用権」という文言が削除され、駐車場の使用ルールに関する定めが明示されるなどの行政指導の結果、近年立地したマンションでは少なくなってきていますが、築後ある程度経過したマンションで、分譲業者が敷地の一部に駐車場使用権を設定し、これを分譲しており、すでに売却した事例が発生している場合等

【解説】

については、弁護士に相談するなど別途個別対応が必要です。

◆なお、中高層共同住宅標準管理規約第15条第3項で「区分所有者がその所有する専有部分を、他の区分所有者又は第三者に譲渡又は貸与したときは、その区分所有者の駐車場使用契約は効力を失う」と定めています。

関係法令 標準管理規約第15条（駐車場の使用）、標準管理規約第15条関係コメント

関連項目

- Ⅱ 2 ①専用使用権とは
- Ⅱ 2 ⑥駐車場を特定の者が継続して利用しているが

関係法令　標準管理規約第15条（駐車場の使用）、標準管理規約第15条関係コメント

⑥ 駐車場を特定の人が継続して利用しているが

区分所有者の数に比べて駐車場が不足している場合は、公平な利用のルールをつくることが必要です。共用部分の恒久的な使用は、駐車場を持てない区分所有者を納得させることができません。

◆駐車場の利用等、すべての区分所有者が利用の希望を持つ可能性のある共用部分については、各区分所有者が平等に利用できるようにしておく必要があります。そのため、利用希望者による定期的な抽選や順番で入れ替える等の方法をとることが望まれます。

◆駐車場が不足する場合は、敷地外で駐車場の契約をする者もいるため、その費用の格差がないように利用料金を設定すべきです。

◆また、管理費等の滞納が継続するときや所有する専有部分を貸与したときには、駐車場使用契約を解除できるように定めることも考えられます。

【解説】

◆中高層共同住宅標準管理規約第15条関係コメントでは、「駐車場使用者の選定は、最初に使用者を選定する場合には抽選、2回目以降の場合には抽選又は申込順にする等、公平な方法により行うものとする。また、マンションの状況等によっては、契約期間終了時に入れ替えるという方法又は契約の更新を認めるという方法等について定めることも可能である」としており、「中高層共同住宅使用細則モデル」などを参考にして、各々のマンションの事情に合わせた細則とする必要があります。

関連項目　Ⅱ２⑤敷地内の駐車場を借りているが、駐車場付きということで売却できるか

⑦ 個人でアンテナを設置したいという人がいるのだが

バルコニー等へ個人的にアンテナを設置することはできません。もし、管理組合が個人的な設置の許可をする場合は、将来的に共同受信施設を設置する可能性を念頭に置いて対処する必要があります。

【解説】

◆共同受信施設を設置する場合、個人でアンテナを立てている人には撤去してもらう必要があるため、二重投資することになる区分所有者の合意を得にくいのが問題です。しかし、受信できる方角に向いていない住戸があったり、また落下の危険や避難や消火活動の支障となることがあるため、共同受信施設の設置を望む声は高いようです。

◆バルコニーにアンテナを設置する場合は、管理組合の許可をもらう必要がありますが、一度許可をしておきながらそれをはずすようにお願いするとなれば管理組合の姿勢が問われかねません。今後、ＣＡＴＶが普及することで共同受信施設の必要がなくなるかもしれませんが、個人のアンテナ設置の許可にあたっては、このような状況を理解してもらい「共同受信施設設置の際には自己の責任と負担でアンテナを取り外し管理組合の方針に従う」という念書をもらっておくとよいでしょう。

◆なお、共同受信施設設置の際には総会の決議が必要ですが、工事を行うためには全員の協力が必要となる場合が多くなります。

①他の住戸からの音がうるさくて困っている

マンションの居住者のだれもが加害者となったり被害者となり得る問題です。まず、居住者同士が話し合ったり、管理組合で議論するなどして、お互いに他の人に迷惑をかけないルールづくりと住まい方を考えることが重要と考えられます。

【解説】

◆マンションでは、家族構成、生活習慣や生活のリズムの異なる人々が壁（床、天井）一枚を隔てて集まって住んでいるため、住戸間での音に関するトラブルが発生しやすい状況にあります。

◆しかし、騒音に関する問題は、音に対する感じ方の個人差や、その判断が困難なことから、解決の難しい問題の一つとなっています。

◆基本的には個々の居住者の生活マナーにかかわる問題なので、居住者間の話し合いと、生活マナーについてのルールを使用細則等に定めること、これを各居住者が守り、人に迷惑をかけないような住まい方（音を出すような行為の自粛や時間についての配慮、フローリング等のリフォームの内容の制限等）や工夫（じゅうたんを敷く等）をすることが基本的な解決策となります。

◆このため、マンション全体の問題として管理組合としてアンケートをとったり話し合いを行い、人に迷惑をかけない住まい方のルールを検討し、

【解説】

必要に応じて使用細則に生活マナーなどについてのルールを定めることが考えられます。

◆なお、生活ルールを守らず、著しく騒音の害を及ぼしている居住者（もしくはマンション内の商業施設等）については、簡易裁判所における調停、さらには裁判により、差し止め請求や損害賠償請求に訴える場合もあり得ます。

関連項目
Ｉ２⑬使用細則の設定・変更等はどのようにして行うのか（そのための要件は）
Ｉ６①共同の利益に反する人にどのような対応をしたらよいのか

② ペットの飼育を禁止しているのに飼っている人がいるが

規約等でペットの飼育を禁止している場合は、そのルールを守らなくてはなりません。ただし、単純に禁止としても実際に飼育をやめさせることは難しいため、居住者間で時間をかけて話し合うことも必要と考えられます。

関係法令　標準管理規約第18条関係コメント

【解説】

◆規約は守らなくてはならないものですが、特にペットの場合、規約で禁止をしているが事実上黙認されているという状況で、その規約を盾に飼育をやめさせることは難しい点があります。

◆このようになってしまう理由として、禁止する内容があいまいであったり、居住者の生活実態に即した内容になっていない等のケースが考えられます。

◆そのような場合は、全面禁止ではなく、実際にどのような迷惑がかかっているのか、どんなルールがあれば迷惑をかけないで済むかということについてあらためて話し合い、ルールを決めることが必要です。

◆東京都衛生局の「集合住宅における動物飼育モデル規程」では、飼育者の会の設置など飼育細則の要件を整理しているため参考にして下さい。

◆なお、ペットにより著しく害を及ぼしている居住者については、簡易裁判所のおける調停、さらには裁判により、差し止め請求や損害賠償請求に訴える場合もあり得ます。

関連項目　I 6 ①共同の利益に反する人にどのような対応をしたらよいのか

③ハト公害への対処

マンションのベランダに巣をつくらせないようにする、追い払うための装置等を購入し設置することなどが考えられます。また、エサを与えている人がいる場合も考えられますので管理組合でマンションぐるみのハト対策を検討することが必要と考えられます。

【解説】

◆野生のハトは、もともと伝書鳩やイベント等で放されたハトがその強い繁殖力により増えたものであり、その糞による被害の発生に加え、さまざまな病原菌を保有しているともいわれています。

◆対処の方法としては、まず第一にベランダ等の巣を撤去することと、巣をつくられないように植木鉢等を置かないことや、ベランダに置いてあるエアコンの室外機周辺等の隙間にハトが入り込めないように段ボールなどで埋め込んでしまう等の工夫が考えられます。

◆第二に、市販されているハト対策用の超音波装置等の設置により、ハトを追い払うことが考えられます。

◆また、ハトにエサをやっている人がおり、これがハト公害の発生に関与している場合も想定され、マンションぐるみでの対策が必要です。

◆なお、以上の対策によっても効果がない場合は、専門業者に駆除を依頼することも考えられます。

① 水漏れ事故が発生したのだが

居住者の過失が原因である事故の場合は、当事者の間で損害賠償の交渉をします。
建物や設備に原因がある場合は、問題箇所が共用部分なのか専有部分なのかを調べて、その所有者を特定する必要があります。

【解説】

◆居住者の使用上の不注意によって生じたものは、当事者間で損害賠償の請求などを行います。
また、設備に問題があった場合は、その部分が共用部分であれば管理組合、専有部分であれば専有部分を所有する区分所有者が損害賠償の責任を負います。

◆そのため、このような事故に備えて、専有部分も共用部分もそれぞれ賠償責任保険をかけておくことが望ましいでしょう。

◆共用部分と専有部分の区別については、一般的には、給水管・排水管は本管が共用部分、枝管が専有部分、給湯管は専有部分と解されていますが、各マンションの規約で専有と共用の区別を明記しておく必要があります。

◆原因を特定するためには専門家の判断が必要ですが、もしどちらの責任なのか判断できないとき

関係法令 区分所有法第9条（建物の設置又は保存の瑕疵に関する推定）、民法第570条（売主の瑕疵担保責任）、民法第717条（土地の工作物等の占有者及び所有者の責任）、「中高層分譲共同住宅（マンション）に係る管理の適正化及び取引の公正の確保について」（平成4年12月25日建設省経動発第106号・建設省住管発第5号）

【解説】

は、共用部分に瑕疵があるとして管理組合が損害賠償の責任を負うことが区分所有法で定められています。

◆なお、建物の不具合が原因である場合は、当面の措置をした上でアフターサービスの期間内でなくても、売り主に対して瑕疵担保の責任を問うことができる可能性があります。

関連項目
Ⅱ 1 ①専有部分と共用部分をどのように判断するのか
Ⅲ 4 ②共用部分の損害保険とは

関係法令 区分所有法第9条（建物の設置又は保存の瑕疵に関する推定）、区分所有法第18条（共用部分の管理）、標準管理委託契約書第5条（善管注意義務）、標準管理委託契約書第13条（通知義務）、民法第717条（土地の工作物等の占有者及び所有者の責任）

② 外壁が落ちて、人にけがをさせたり物を壊したときは、だれがどのような責任を負うのか

管理組合が責任を負わなくてはなりません（管理組合でこのような場合に対応できる保険に加入していますか。もし加入していないのなら、早急に加入することをお勧めします）。

【解説】

◆外壁は共用部分であり、その管理は管理組合が担っているので、仮に危険性が予見できなかった場合であっても、マンションの外壁やタイルがはげ落ち、人にけがを負わせたり、物に被害を与えた場合は、管理組合がその賠償の責任を負うことになります。

◆また通常は管理会社に管理を委託していますが、この場合は管理委託契約上の義務違反の可能性が生じ、管理委託契約の内容によっては管理会社も損害の賠償を負担しなければならない場合があります。

◆損害の原因が共用部分か専有部分かの判断が困難な場合が想定されますが、このようなケースでも区分所有法第9条の規定により共用部分に原因があると推定され、管理組合が責任を問われることになります。

関連項目
Ⅱ１①専有部分と共用部分をどのように判断するのか
Ⅲ４②共用部分の損害保険とは

関係法令 区分所有法第26条（権限）、区分所有法第29条（区分所有者の責任等）、標準管理委託契約書第5条（善管注意義務）、標準管理委託契約書第13条（通知義務）

③ 屋上に人が入り込んで、事故を起こした場合の責任は

共用部分の管理責任は管理組合（区分所有者全員）が負いますので、事故が起きないように十分な対策をしていないとその責任を問われることになります。

【解説】

◆第三者が侵入し事故を起こしたときは管理者の責任が問われますが、管理者は区分所有者の代理なので、区分所有者も同様に責任を負います。そのため管理組合は危険な場所に立ち入ることができないように柵を設け、鍵をかけるなどの方策をとらなくてはなりません。

◆もちろん委託契約の内容によっては、管理会社も責任を問われる場合があります。

関連項目 Ⅲ 4 ②共用部分の損害保険とは

④ マンションの敷地内で事故が起きたときの対応

さまざまなケースが考えられます。事実関係をはっきりと整理して下さい。

関係法令 民法第717条（土地の工作物等の占有者及び所有者の責任）

◆事故の責任を問われるのは、事故の原因をつくった人です。

◆管理組合がその責任を負うのは共用部分に事故の発生原因がある場合であり、住戸のベランダに置いてあった植木鉢の落下や敷地内での自動車事故などは、当事者の問題となります。

◆ただし、管理組合が賃貸し管理している敷地内駐車場でのいたずらによる車の損害や、マンション居住者相互の行事における参加者のけがなど、

【解説】

管理組合の管理責任が問われるかどうか、個別具体の状況によって慎重に判断すべき場合も考えられます（このようなケースに対応するため、駐車場内の事故について管理組合は責任を負わない旨の規定を使用細則に明記したり駐車場内に掲示することや、利用者との覚え書きを取り交わすこと、また行事における事故に対応できるように管理組合として保険に加入することなどが必要と考えられます）。

関連項目 Ⅲ 4 ②共用部分の損害保険とは

① 事務所等に利用されている部屋があるが

規約で、本来住宅として利用すべき部分を事務所等として利用することを制限する条項があるかどうか確認して下さい。ない場合には事務所等の利用を制限することはできませんが、話し合いにより新たに事務所等の利用のルールをつくることも考えられます。

【解説】

◆専有部分の利用用途は基本的には自由であるため、規約での取り決めがない場合は事務所等の利用を制限することは困難です。そのため、立地条件のよいマンションでは事務所等としての利用ニーズが高まりますが、深夜まで業務を続けたり、不特定多数が出入りすることなどによる居住環境の悪化が懸念されます。

◆標準管理規約第12条では、専有部分の用途について「住宅以外の用途に供してはならない」と定めており、このような事態を防ぐには同様に事務所等の利用の制限について規約で定めることが必要です。

◆また、標準管理規約第19条では、区分所有者がその専有部分を第三者に貸与する場合に規約および使用細則に定める事項をその第三者に遵守させることなどを義務づけており、同様の規定を規約で義務づけることが考えられます。

◆規約で事務所等居住目的以外の利用を禁止して

いる場合は、理事会が規約で利用制限があることを知らせ、猶予期間を置いて事務所利用を止めてもらうようにお願いをします。それでも理解がもらえないときには、違反者に対して行為の差し止め請求などを行うこともできます。

◆なお、規約に事務所等居住目的以外の利用の制限を定める場合には、個々のマンションの特性や事務所利用の実状に応じて、利用を禁止もしくは制限する内容を可能な限り具体的に示すことが考えられます。

◆また、すでに事務所等の利用が進んでいる場合も共存のための事務所等の利用のルールを定めることなどを検討すべきであり、これらの検討にあたっては、複合型標準管理規約の内容を参考にすることも考えられます。

関係法令　区分所有法第6条（区分所有者の権利義務等）、区分所有法第57条（共同の利益に反する行為の停止等の請求）、区分所有法第58条（使用禁止の請求）、区分所有法第59条（区分所有権の競売の請求）、区分所有法第60条（占有者に対する引渡し請求）、標準管理規約第12条（専有部分の用途）、標準管理規約第19条（専有部分の貸与）

関連項目
Ｉ２⑦管理規約の設定・変更等はどのようにして行うのか（そのための要件は）
Ｉ６①共同の利益に反する人にどのような対応をしたらよいのか

② 賃貸し、外に住んでいる区分所有者が多いのだが

マンションの外に住んでいても区分所有者である以上、管理組合の一員としての義務を負うこと、また、借りて住んでいる人にも一定の義務が生じます。それぞれの義務が適切に果たされるようなルールを確立しておくことが重要と考えられます。

【解説】

◆区分所有者が所有している住戸（専有部分）を他の人に貸すこと自体は自由です。

◆問題となるのは、貸し主（区分所有者）と借り主（占有者）が、マンションの維持・管理についてそれぞれがすべき役割を果たさない傾向が強いことです。

◆すなわち区分所有者はマンションに居住していない結果、維持・管理に対する意識が低下し、管理組合の活動の停滞を招く結果となること、居住している区分所有者の負担が多くなることなどが危惧され、また占有者については仮の住まいとしての意識が強いなど、共同生活のマナーについて無関心となる場合が考えられます。

◆しかし、貸し主の区分所有者についてはマンション外に住んでいようとも当然に管理組合の一員であるため、区分所有者としての義務を負い、また占有者についても共同の利益に反する行為をしてはならず、建物・敷地内の使用方法について区

関係法令　標準管理規約第19条（専有部分の貸与）

分所有者と同一の義務を負わなければなりません。

◆このため、賃貸し外に住んでいる区分所有者はその貸与にかかわる契約にこの規約および使用細則に定める事項を遵守する旨の条項を定めるとともに、契約の相手方にこの規約および使用細則に

【解説】

定める事項を遵守する旨の誓約書を管理組合に提出させるなど、それぞれの義務が適切に果たされるようなルールを確立しておくことが重要です。

◆また、貸し主の連絡先や貸与する相手の名前等を管理組合に届けることを規約に定めることも考えられます。

関連項目
Ⅰ 2 ④管理規約はだれに対して効力を持つのか（賃借人や、途中購入者は）
Ⅰ 4 ②だれが理事会のメンバーになれるのか
Ⅰ 4 ④理事のなり手がいない
Ⅱ 5 ①事務所等に利用されている部屋があるが

③ 一階部分にある店舗が売られて、騒音や不快な臭いを出す用途に利用されたが

各マンションで独自に利用用途を定めない限り、用途地域などの法律上の規制以外の拘束をすることはできません。このような事態を回避するには、管理規約に店舗の用途を定める必要があります。すでに騒音や不快な臭いを出すなど好ましくない用途に利用されている場合は、当事者との話し合いにより解決する以外に方法はありません。

【解説】

◆管理規約で店舗の業態を指定もしくは制限していない場合は、その用途は法律で定められた規制の網がかかるだけです。

◆複合用途型標準管理規約第12条では、店舗部分の所有者についてその専有部分を他の区分所有者の迷惑となるような営業形態、営業行為をしてはならないとしており、好ましくない用途の利用を防ぐためには、同様の規定を規約に定めることが考えられます。

◆さらに利用の制限を徹底するためには、個々のマンションの実状に応じて、利用を制限する営業形態、営業行為を具体的に明記することや、営業形態等の変更に際して、区分所有者は管理組合に対し書面による届け出を行い、理事長の承認を受

関係法令 区分所有法第6条（区分所有者の権利義務等）、区分所有法第31条（規約の設定・変更及び廃止）、標準管理規約（複合用途型）第12条（専有部分の用途）、標準管理規約第19条（専有部分の貸与）

ける必要がある旨を規約に合わせて定めることが考えられます。

◆また、標準管理規約第19条では、区分所有者がその専有部分を第三者に貸与する場合に規約および使用細則に定める事項を遵守させることなどを義務づけており、賃貸に伴う同様の問題の発生を防ぐために、このような規定を規約に定めること

【解説】

も必要と考えられます。

◆ただし規約の変更にあたっては、組合員総数、議決権総数の4分の3以上の賛成が必要な特別決議事項であるだけでなく、「特別の影響」を受ける店舗オーナーの承諾を得なくてはならず、時間をかけて検討する必要があります。

関連項目
Ⅰ 2 ⑦管理規約の設定・変更等はどのようにして行うのか（そのための要件は）
Ⅰ 6 ①共同の利益に反する人にどのような対応をしたらよいのか

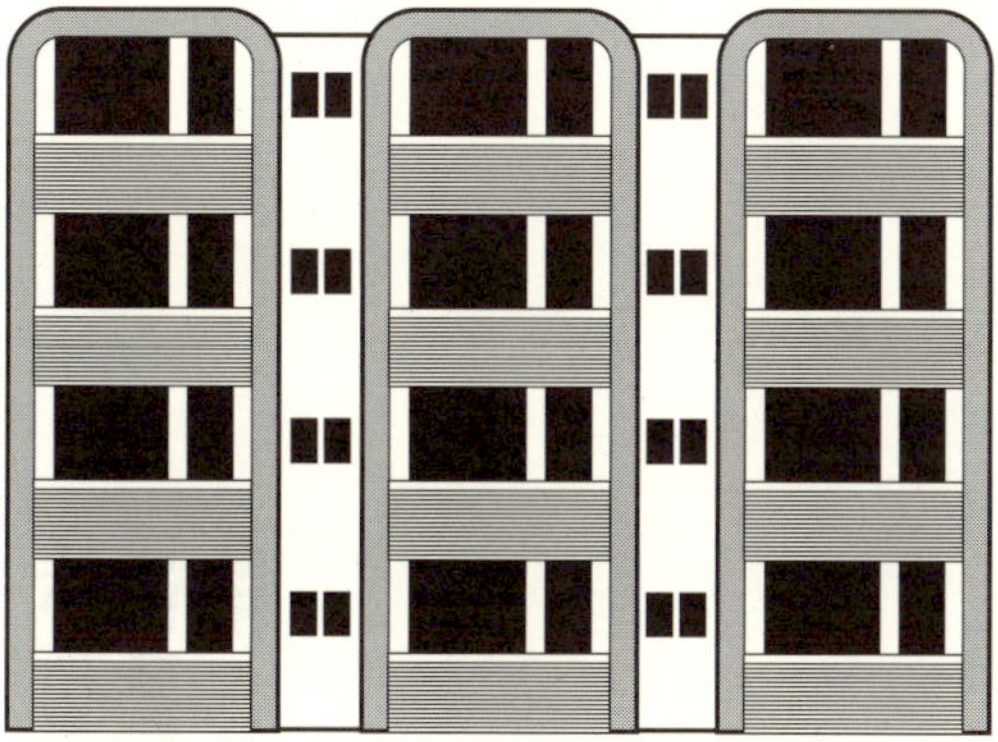

Ⅲ

マンションの財務とその対応

1 管理費

2 修繕積立金

3 管理費・修繕積立金
の徴収と管理

4 損害保険

関係法令　区分所有法第19条（共用部分の負担及び利益収取）、標準管理規約第24条（管理費等）

① なぜ管理費を払わなくてはならないのか

区分所有者が共有しているマンションを維持・管理するためにはさまざまな費用がかかります。この費用については、区分所有者の当然の義務として負担しなくてはなりません。

【解説】

◆各区分所有者が管理組合に支払っている管理費等（修繕積立金等も含む）は、区分所有者が共同して所有しているマンションの維持・管理に必要なものであり、これを負担するのは区分所有者の当然の義務です。

関連項目
Ⅰ2⑦管理規約の設定・変更等はどのようにして行うのか（そのための要件は）
Ⅰ6①共同の利益に反する人にどのような対応をしたらよいのか

② 管理費は何に使うのか

管理費は共用部分の日常的な維持・管理のために使われます。

関係法令　標準管理規約第26条（管理費）

【解説】

◆管理費の内訳はおおむね以下のとおりとなっています。

○管理員人件費

○共用部分にかかる水道光熱費

○エレベーター・電気・防火・給排水設備等の保守点検料

○火災保険その他の損害保険料

○清掃費

○備品費および消耗品費、植栽維持費

○通信費および事務費

○軽微な損傷箇所の補修費

○管理委託費（手数料）

③ 管理費の適正な額は

マンションの付帯設備や管理業務の仕様等によって異なります。もしあなたのマンションの管理費が高いとお考えならば、マンションの決算報告書をご覧になって下さい。また、戸数規模や付帯施設等が同等のマンションの事例を取り寄せて比較するなどして検討してみて下さい。

【解説】

◆管理費は、マンション全体で必要となる管理費用を、各区分所有者の専有部分の床面積の割合ですべての区分所有者が負担し合うことになります(専有部分の床面積に大差がない場合には一律に同額とする場合もあり得ます)。

◆管理費用はマンションの規模や戸数、築年数、管理内容により、個々のマンションで異なります。なお平成10年に東京都が行った実態調査によると、1平方メートル当たりの管理費が２００円以内である場合は、20戸未満の規模のマンションでは12・2%であるのに対して、１００戸以上の規模では47・0%を占め、規模が大きいほど管理費が安い傾向が読みとれます。

◆また、管理会社によって管理委託費用は異なっているため、条件の同じようなマンションの事例を取り寄せたり、同一の仕様で数社に見積もりを出してもらい、これを比較検討することも必要です。

◆なお、営業目的用と居住用の専有部分が混在するマンションでは、共用部分の利用頻度に差があることを根拠に営業目的用を高くし、用途によって管理費に差を設けている例も見られます。

【解説】

図：平成10年　東京都住宅局「マンション実態調査」より管理費の額
（1平方メートル当たり）

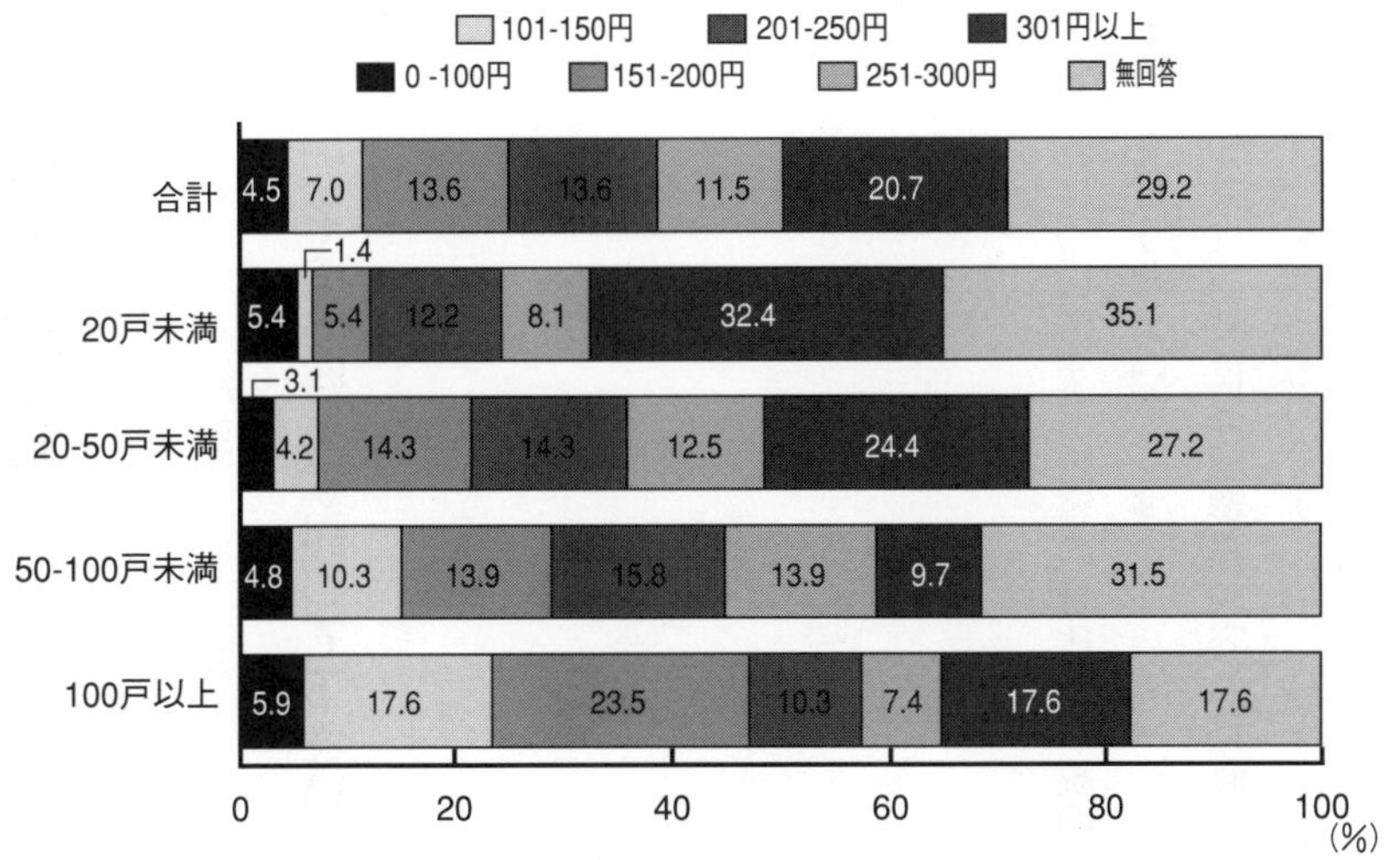

④ 管理会社が管理費の改定が必要であると言ってきたが

改定の理由についての説明をしてもらい、その内容を検討して下さい。

【解説】

◆改定の理由としては物価の変動や人件費の上昇などが考えられますが、なぜ管理費を改定しなくてはならないのか、管理会社からきちんとした説明を受ける必要があります。その際には、できれば管理委託契約書と仕様書の内訳より、改定する項目のそれぞれについて業務内容の具体的な説明を受け、検討を行うとよいでしょう。

◆また、この作業は同時に委託業務内容の見直しをするきっかけともなるものです。

関係法令 標準管理規約第46条（議決事項）

関連項目 Ⅰ 5 ④管理会社との契約内容を変更したい

① 修繕積立金とは

マンションは年月とともに劣化し、一定期間（通常5～15年程度）ごとに修繕工事を行う必要があります。そのために必要な資金を、工事を行う際に一括して徴収するのが困難な場合が多いため、定期的（通常毎月）に各区分所有者から一定額を集め、これを管理組合が積み立てるものです。

【解説】

◆建物は年月とともに劣化し、適切に維持していくためには定期的な修繕が必要となります。

◆そのために必要な修繕費用は、区分所有者全員が共同して負担することになりますが、これを一時期に集めることは、個々に異なる区分所有者の経済状況等により、事実上困難と考えられ、その結果実施にあたっての合意形成が困難となる場合が多くなります。

◆このため必要となる費用を積み立て、これを修繕工事に充てる仕組みが修繕積立金であり、適切なマンションの維持にとって必要不可避なものです。

◆なおその重要性に鑑み、標準管理規約では管理組合（すなわち区分所有者全員）の義務として修繕積立金を積み立てることを定めています。

関連項目　Ⅲ 3 ③管理費と修繕積立金の違い

関係法令 標準管理規約第27条（修繕積立金）、標準管理規約第46条（議決事項）、「中高層分譲共同住宅（マンション）に係る管理の適正化及び取引の公正の確保について」（平成4年12月25日建設省経動発第106号・建設省住管発第5号）

②修繕積立金の制度がないのだが

大規模修繕を行うにあたり、修繕積立金がないと一時的に多額の費用負担をしなくてはならないため、長期修繕計画を立て、それに基づいて修繕積立金を集める必要があります。できるだけ早く総会を開いて、修繕積立金の制度をつくりましょう。

【解説】

◆修繕積立金がないと、大規模修繕を行うときに一時的に多額の費用を負担しなくてはならないため、マンションの適切な維持・保全を行うためには修繕積立金は不可欠なものです。

◆しかし、自分の住戸を賃貸している人やいずれ売却を考えている人にとっては修繕積立金の重要性が理解されにくく、合意の形成に手間取ることが予想されます。そのため、まず長期修繕計画を立てて修繕積立金の根拠を示し、理解を求めることが必要です。

◆また、住宅金融公庫の優良中古マンション融資や共用部分リフォームローンでは修繕積立金制度があることを条件としており、修繕積立金制度の有無とその内容がマンションの資産価値を評価する基準のひとつとなっています。

関連項目
Ⅰ3①総会の開催（何のために、だれが開くのか）
Ⅳ4①長期修繕計画とは

③ 修繕積立基金とは

マンションの購入時に、将来の修繕工事のための費用の一部として一時金を事前に管理組合に納めるものです。

関係法令　標準管理規約第27条関係コメント

【解説】

◆多くの場合、マンションの購入者は長期のローンを組み、これを月々返済していきます。

◆このローンの支払いに加えて、管理費と修繕積立金を支払うことによる購入者の月々の負担を軽減するために、将来の修繕工事のための費用の一部をマンションの購入時あるいは引き渡し時に一括して徴収するものを修繕積立基金といいます。

④ 修繕積立金の適正な額は

規模や構造、また劣化の状況など個々のマンションによって異なり、長期修繕計画に基づき必要となる修繕費用が工事の実施時期に積み立てられるように定めた額が適正な額と考えられます。なお、より的確に修繕費用を積み立てることができるよう、長期修繕計画の見直しと合わせ修繕積立金の額も見直していくことが必要です。

【解説】

◆一部のマンションでは、管理費の一定割合の額（例えば10％程度）で修繕積立金の額が設定されていますが、管理費と修繕積立金は目的が全く異なるため、これらを関連づけて修繕積立金を低めに設定している場合、修繕費用が不足する事態が想定されます。

◆そして工事が必要になった際に、各区分所有者から不足額を一時金として一括徴収したり借り入れることが必要となるため、区分所有者の経済状況によっては徴収が難しく、その結果として適切な修繕工事の実施が困難となる場合も少なくありません。

◆このため、向こう20～30年にわたって必要となる修繕工事の内容とそのための費用を見積もった長期修繕計画を作成し、これに基づいて戸当たりの負担額を算出した額を修繕積立金の積立額とすることが望まれます。

◆なお集合住宅管理組合センターでは、高層80戸、築後15～16年経過したマンションについて、一般的に必要と考えられる専有面積当たりの月々の積立額を300円／平方メートルとしています。

◆（社）日本高層住宅協会が平成7年に作成した長期修繕計画のモデル（期間20年、1棟、7階建て、住戸専用型ファミリータイプ、50戸、専有面積70平方メートル／戸）によると、20年間均等で戸当たり月額約1万5千～2万6千円としています。

◆また、住宅金融公庫の優良中古マンション融資制度では、融資条件として維持管理費・居住性能の評価基準を設けており、その中で20年以上の長期修繕計画が存在し、修繕積立金の戸当たりの平均月額が築5年未満のマンションで6千円、5年～10年で7千円、10年～17年で9千円、17年以上のマンションで1万円を最低の基準としています。

【解説】

◆（財）マンション管理センターの「コンピューターによる長期修繕計画と修繕積立金算出システム」を利用すると、マンションの規模や形態、仕様等をもとに個々のマンションで必要と考えられる修繕積立金の概算額が算出でき、現在の修繕積立金の適否の目安が得られます。算出費用は同財団の登録管理組合の場合は1棟当たり1万3千円、非登録管理組合の場合で1棟2万円です（平成13年現在）。

◆なお、長期修繕計画が定められており、計画期間内の概算工事費用の総額等が明らかな場合は、専有部分の面積の合計と個々の専有部分の面積から（個々の専有部分の面積に大きな違いがない場合は総戸数を用いても可）、次頁の式によって当該区分所有者が支払うべき修繕積立金の月額を算出することができます。

関係法令　標準管理規約第24条（管理費等）、標準管理規約第27条（修繕積立金）

個々の所有者の
支払う修繕積立金の月額

＝

（計画期間内の概算工事費用の総額）－（これまでの修繕積立金の総額[注]）
―――――――――――――――――――――――――
計画期間の総月数

注）修繕積立基金がある場合は
算入します。

×

個々の所有者が所有する専有部分の面積
―――――――――――――――――――
マンションの総専有面積

または

1
――
総戸数

↑
個々の専有部分の面積に
大きな違いがない場合

⑤ 修繕積立金の改定をしたいのだが

改定の根拠を明確に説明しなければなりませんので、長期修繕計画を策定し、それに基づく金額に引き上げるようにします。

【解説】

◆修繕積立金は販売当初に極端に低く抑えられているケースが見られ、それらのマンションでは修繕積立金の重要性を認識して改定をする必要があります。

◆そのためには適正な修繕積立金の根拠となる当該マンションに関する長期修繕計画を策定しなければなりません。

◆なお、修繕積立金を改定するための条件は規約によって定められますが、標準管理規約では総会に出席した区分所有者の議決権の過半数以上の賛成（普通決議）を必要としています。

◆修繕積立金の再設定にあたっては、修繕工事の実施が必要な時期に必要な費用が積み立てられるように行うことが原則ですが、改定額が大幅なものとなる場合は、区分所有者の合意を得ることが困難な場合が多くなります。

◆このため、次のような方法を組み合わせ複数の代替案を用意し、比較検討しながら合意を得ることが考えられますが、可能な限り修繕積立金の改定による対応を中心とするとともに各区分所有者

関係法令 標準管理規約第27条（修繕積立金）、標準管理規約第45条（総会の会議及び議事）、標準管理規約第46条（議決事項）

の負担可能な額を慎重に見定めて一時金の額を設定することが必要です。

ア　修繕積立金の改定のみによる方法

・修繕工事の実施が必要な時期に必要な費用が確保できるように改定をする方法。

　可能な限りこの方法によることが望まれますが、もし大幅な改定になってしまい、実施が困難な場合は、段階的に改定することや以下に示す一時金との併用が考えられます。

イ　修繕積立金の改定と一時金との併用

・修繕積立金で不足する額を、修繕工事の実施時に各区分所有者から徴収することで補うことを前

【解説】

提に修繕積立金の改定を行う方法。区分所有者の合意の形成が困難な場合に、大規模修繕工事を適正な時期に実施するための次善の策として検討することが考えられます。

◆また、標準管理規約でも述べているように管理費と修繕積立金は区分して経理すべきですが、駐車場や専用庭等の使用料の積立金会計への繰り入れや管理費の繰越金の積立金会計への繰り入れを併用することも一つの方法です。しかし使用料や繰越金は額が確定しているものではないので、あくまで補足的な位置づけにとどめ決算後に繰越金の一部を繰り入れるようにすべきです。

関連項目
Ⅰ 3 ⑤総会の成立要件および議事の決定方法は
Ⅳ 2 ⑥大規模修繕を計画しているが、資金が不足している

① 管理費・修繕積立金の徴収の方法は

管理規約に定められている方法によりますが、組合員が各自開設する預金口座から自動振替の方法により管理組合名義の預金口座に確実に入金される方法が望ましいと考えられます。

関係法令　標準管理規約第57条（管理費等の徴収）、標準管理規約第59条（預金口座の開設）

【解説】

◆管理費や修繕積立金の徴収の方法には、持参、振込、預金口座自動振替等がありますが、徴収状況の把握の明確さと滞納の防止の観点から組合員各自の預金口座からの自動振替とすることが望ましいと考えられます。

◆また振込先は管理組合名義の預金口座とすべきですが、この場合管理組合の預金口座に直接振り替える場合と、管理会社の預金口座に一旦収納し一定期間事務処理を行った後に管理組合の口座に振り替える場合等があります。後者の場合には管理委託契約でその旨を明示しておく必要があります。

② 管理費・修繕積立金の滞納者への対応

滞納の状況に応じて、配達証明付き内容証明郵便等の制度を有効に利用しながらできるだけ早期に対応し、未収金を増やさないことが大切です。

【解説】

◆まずは電話や手紙、訪問による催促を行います。

管理会社との契約に管理費等の督促が含まれている場合「3カ月まで督促を行う」というような条件がつけられているため、その契約内容を確認し定期的に滞納者の報告を受けます。もし支払う意思があるがすぐに完済できない場合は、滞納の確認と支払計画の提出をしてもらいます。

◆次に、理事長名で配達証明付き内容証明郵便を送ります。書面には債務と規約の内容を明記し、最終的には法的手続きをとる意思があることを伝えます。

◆それでも滞納が続いた場合は、訴訟の前に調停や少額訴訟、支払督促の中立等の制度の利用可能性を検討します。この段階で弁護士に相談してもよいですが、簡易裁判所の受付相談センターでもこれらの手続きの相談にのっています。

◆なお、管理費等の滞納額が30万円以下である場合は1回の審理で判決が出る少額訴訟が簡易裁判所で実施されているので、この制度を活用することが考えられます。

◆滞納に備えて、遅延損害金（特に指定しない場合民法で規定する遅延利息は5％だが、国税の滞納では14・6％に設定している）を徴収すること、駐車場の利用を制限すること等の罰則規定を規約に明記し、さらには裁判となった場合、弁護士費用等裁判所に関する費用を負担させるように定めておくこともできます。

【解説】

◆滞納の時効は5年と考えられていますが、請求は随時行ってかまいません（滞納の時効を10年とする説もあります）。時効を中断するには訴訟を提起したり、滞納者が債務について承認すればよいのですが、内容証明郵便を出しているだけでは中断しないことに注意すべきです。

関係法令 区分所有法第57条（共同の利益に反する行為の停止等の請求）、標準管理規約第57条（管理費等の徴収）、標準管理規約第15条関係コメント、民法第147条（時効の中断理由）、民法第167条（債権・財産権の消滅時効）、民法第169条（定期給付債権の短期消滅時効）

【少額訴訟・手続の流れ】

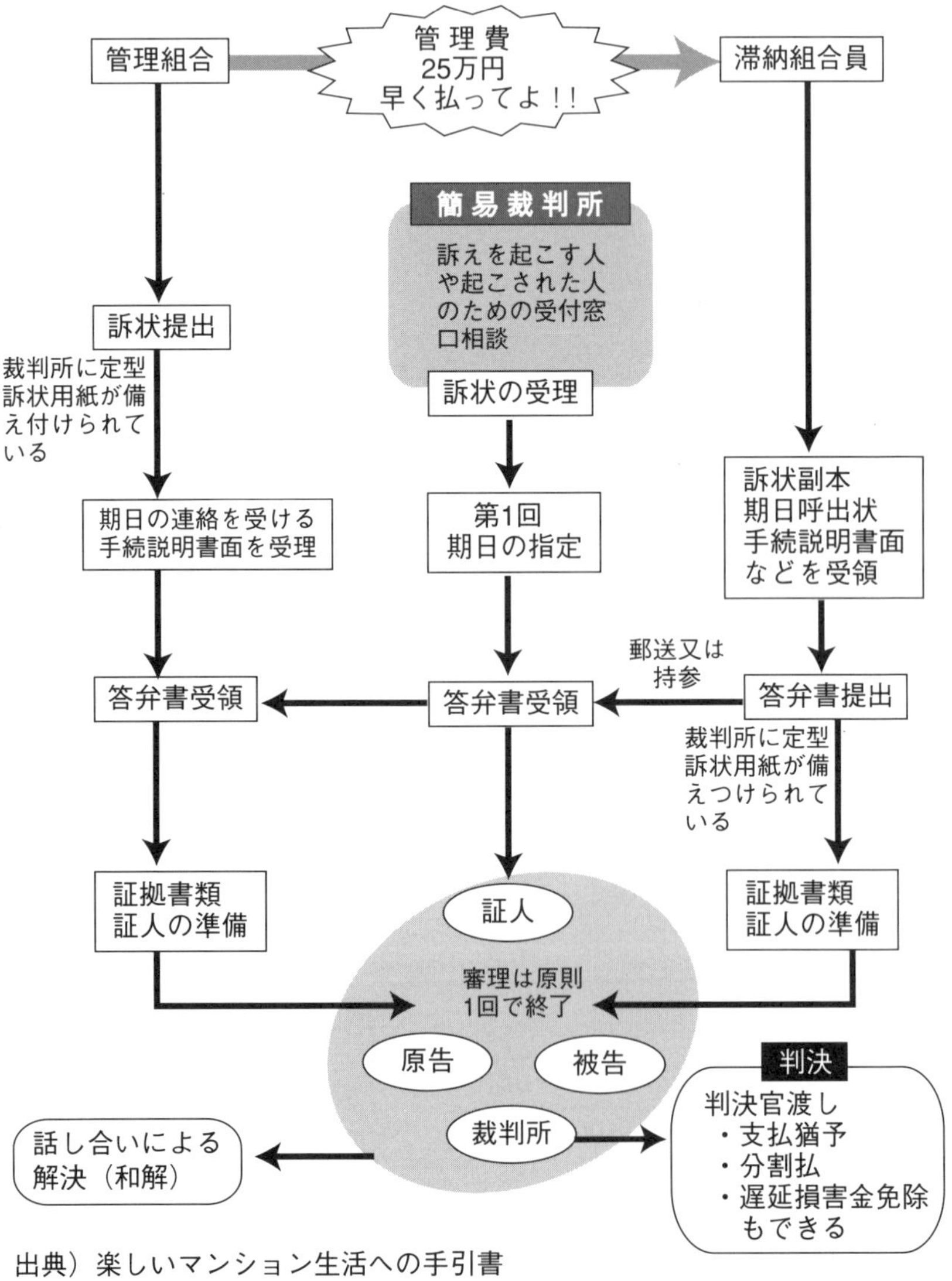

出典）楽しいマンション生活への手引書
＜運営管理編＞Q＆A

関連項目
Ⅰ６①共同の利益に反する人にどのような対応をしたらよいのか
Ⅰ６②裁判（訴訟）に持ち込むべきかどうか

関係法令　標準管理規約第24条（管理費等）、標準管理規約第26条（管理費）、標準管理規約第27条（修繕積立金）

③ 管理費と修繕積立金の違い

管理費とはマンションの日常的な維持・管理に必要な費用です。一方修繕積立金は、マンションの維持のために長期的な計画に基づき行う共用部分の大規模な修繕工事のために積み立てる費用であり、両者はまったく使用目的が異なります。

【解説】

◆管理費とは、共用部分の水道・光熱費、エレベーターなどの諸施設の保守・点検費用、程度の軽い損傷箇所の修繕費、管理会社に支払う委託費等、共用部分の日常的な管理のために支払うための費用です。

◆これに対し修繕積立金は、長期的な視点から将来必要となる大規模な修繕工事等に備え積み立てる費用であり、長期修繕計画に基づき将来必要となる工事費用を計画的に積み立てるべきものです。

◆通常、管理規約において、管理費は経常的な管理のための費用、修繕積立金は計画的な支出に備えるための費用として区分して定められています。

◆管理費と修繕積立金は、その合計額を月々支払うかたちになっている場合が多いですが、両者はまったく性格の異なる費用であり、区分して経理すべきものです。

関連項目
Ⅲ1①なぜ管理費を払わなくてはならないのか
Ⅲ2①修繕積立金とは

関係法令 標準管理規約第28条（使用料）、標準管理規約第46条（議決事項）、標準管理規約第54条（管理組合の収入及び支出）、標準管理規約第57条（管理費等の徴収）

④ 共用部分の使用料はどこに納めるべきか

管理規約の定めによりますが、一般的にはその部分の管理費用に充当させ余剰金がでた場合は修繕積立金に組み入れるのがよいと思われます。

【解説】

◆標準管理規約では、使用料はその使用部分の維持管理費用に充てるほか、修繕積立金として積み立てるとしており、その使用部分の管理費用に充当させ、余剰金がでた場合は修繕積立金に組み入れるのがよいと思われます。

◆機械式の駐車場等メンテナンス費用がかさむ場合は、駐車場使用料金を別会計としておき、決算時に余剰金を修繕積立金に組み込む方法が考えられます。

◆これらの使用料を管理費に計上し、余剰金の発生を前提に管理費を低めに設定している例がありますが、使用料が安定的に集まる保証がないこと、一般的に修繕積立金が不足しがちであること等の理由のため、できれば避けた方がよいでしょう。

関係法令 「中高層分譲共同住宅（マンション）に係る管理の適正化及び取引の公正の確保について」（平成4年12月25日建設省経動発第106号・建設省住管発第5号）

⑤ 管理費や修繕積立金の通帳の名義や保管はどうしたらよいのか

管理費や修繕積立金は管理組合の財産ですから、名義は管理組合理事長名とし保管も本来は管理組合で行うべきです。

【解説】

◆管理費も修繕積立金も管理組合の財産であるため、通帳名義は管理組合理事長名としなければなりません。万一管理会社が倒産した場合、通帳が管理会社名義であると、その財産は管理会社のものと判断されるため戻ってこないと考えた方がよいでしょう。○○管理組合代行△△管理会社というような紛らわしい名義も避けるべきです（このリスクを保証するため、管理会社の団体である（社）高層住宅管理業協会の管理費等保証制度がありますが、その保証は管理費の1カ月分のみです）。

◆同様の理由から、保管についても管理組合が責任を持って行うべきです。ただし管理費は頻繁に出し入れを行う必要があり、入金状況の確認等の業務を行うため、出納業務を委託している管理会社が通帳を預かる例もあります。

◆一方、修繕積立金については必ず管理組合が保管すべきです。修繕積立金は非常に多額となるため、区分所有者が不安を感じるのももっともであり、印鑑と通帳を別々の人が保管し、数人の手続きを経ないと預金を下ろすことができない仕組みとする等の方法が考えられます。どのような手段をとるかは各管理組合の判断によりますが、ルール化しておくことが必要です。

⑥ 売れ残った住戸の管理費や修繕積立金はだれが払うのか

売れ残った住戸の所有者、すなわち分譲業者が払うことになります。

【解説】

◆マンションの共用部分の維持・管理のための費用、すなわち管理費や修繕積立金は、区分所有者各人が負担しなくてはなりません。したがって、たとえ未登記のままの売れ残りの住戸があっても、1戸でも分譲して区分所有関係が成立していれば分譲業者も売れ残り住戸の一区分所有者として、管理費や修繕積立金を負担しなければなりません。

◆なお、原始管理規約や分譲契約書等で「管理組合の年度末決算の結果、不足額が生じる場合についてのみ分譲業者は売れ残り住戸の管理費等の負担義務を負う」、「修繕積立金は負担しない」等の特約を設ける例が考えられますが、ごく短い期間（判例では6カ月）に限定されているものなどを除いて、区分所有者としての当然の義務を回避するものであり、原則として無効とする例もあります。

関係法令 区分所有法第19条（共用部分の負担及び利益収取）

関連項目 Ⅰ２⑩原始管理規約とは

関係法令 区分所有法第8条（特定承継人の責任）、標準管理規約第25条（承継人に対する債権の行使）、宅地建物取引業法第35条（重要事項の説明等）、宅地建物取引業法施行規則第16条の2、「宅地建物取引業法及び積立式宅地建物販売業法の一部を改正する法律、宅地建物取引業法施行令及び積立式宅地建物販売業法施行令の一部を改正する政令及び宅地建物取引業法施行規則及び積立式宅地建物販売業法施行規則の一部を改正する省令の施行について」（昭和63年11月21日建設省経動発第89号）

⑦ 中古マンションを買ったが、前の所有者の管理費や修繕積立金の滞納分を支払わなくてはならないのか

前の所有者に支払い義務がなくなったわけではありませんが、区分所有法では次の区分所有者（特定承継人）にもその支払い責任を定めています。

【解説】

◆管理費等の債務者が区分所有権を売却した場合、マンションの管理費等の債務の回収が困難となることが予想されるため、区分所有法では新しい区分所有者である特定承継人にも債務を弁済する責任を定めています。

◆ただしこれは前の所有者の責任がなくなったということではなく、新しい所有者も同様に責任を負うことを意味しています。

◆契約時には仲介業者は管理費等の滞納状況について説明をする必要がありますが、もしその説明がなくても買い主は支払いの責任を免れることはできません。

関連項目

Ｉ２④管理規約はだれに対して効力を持つのか（賃借人や、途中購入者は）
Ｖ１①重要事項説明とは

⑧ 管理費等の滞納のある物件が競売にかけられたときは

区分所有法では管理費等の滞納分の費用は新しい所有者に請求することができるようになっています。しかし、競落人が認知していなかったために支払いに支障を来す可能性もあるので、裁判所に配当要求や上申書を提出することも考えられます。

【解説】

◆競売で配当要求をしても、区分所有者の先取特権より住宅ローン等の担保となる抵当権が優先されるため、管理費等の管理組合の債権に充当される可能性はあまり高くないと考えられます。一方、競売にかけられても管理費等の滞納債権は特定承継人に請求することができますが、滞納費用が多額である場合、再び支払いをめぐる争いになることもあります。

◆そのため、競売時に上申書を提出することによって競落人に管理費等の滞納を知らしめれば、その後支払いを促すことが期待できます。

◆なお、配当要求を行う場合は、どのような書類が必要になるのか事前に裁判所に相談するとよいでしょう。

関係法令 区分所有法第7条（先取特権）、区分所有法第8条（特定承継人の責任）、標準管理規約第25条（承継人に対する債権の行使）

上　申　書

東京地方裁判所民事21部　御中

平成○年○月○日

住所

○○○○マンション管理組合

代表者理事長　甲　野　太　郎　印

（連絡先　電話　03-××××-××××

○○株式会社　担当者○○）

債権者　○○○○銀行

債務者　乙　野　二　郎

所有者　丙　川　三　郎

上記当事者間の御庁平成○年（ケ）第○○○号不動産競売事件について、上申人は下記のとおり上申いたします。

記

1　上申人は、本件競売事件の目的不動産を含む○○○○マンション管理組合であり、区分所有者丙川三郎の前記競売の目的不動産に対する滞納管理費等は、次のとおりである。

（1）管理費

平成○年○月分（支払期限平成○年○月○日）以降、現在まで

（月額○○○○円）

（2）修繕積立金

平成○年○月分（支払期限平成○年○月○日）以降、現在まで

（月額○○○○円）

2　上申人は、1記載の滞納管理費及び修繕積立金については、建物の区分所有等に関する法律第8条の規定により、上記競売物件の買受人に負担してもらう所存である。

3　そこで、御庁で作成する物件明細書にその趣旨を記載していただき、買受けを希望する方々にこの旨を周知願い、無用の混乱を避けたいものと考えている。

添付書類

1　○○○○マンション管理組合第○回通常総会の議案書（抄）及び議事録の写し　1部

2　理事長の資格証明書　1部

出典）管理費等の滞納対策の手引き　監修　山下洋一郎　日住協

関連項目
Ⅲ 3 ②管理費・修繕積立金の滞納者への対応
Ⅲ 3 ⑦中古マンションを買ったが、前の所有者の管理費や修繕積立金の滞納分を支払わなくてはならないのか

⑨ 低階層に店舗、上階に住戸があるマンションの管理費・修繕積立金はどのようにしたらよいか

営業を目的とする店舗等と住居を目的とする住戸部分とで、共用部分の利用状況が異なる場合、維持・管理費用に差を設けることもできます。

【解説】

◆営業目的用と専有部分が混在するマンションでは、用途によって共用部分の利用頻度が異なることなどから、管理費等に差を設ける（通常は平方メートル当たりの負担額について店舗部分を住戸部分よりも高くする）ことが考えられます。

◆標準管理規約では、このような考えに基づき、共用部分および付属施設全体を対象とした管理費等に対する各区分所有者の負担額について住戸部分および店舗部分のために必要となる費用をあらかじめ按分した上で、住戸部分のために必要となる費用分については住戸部分の区分所有者の全体共用部分の共有持分の合計に対する各区分所有者の共有持分の割合により算出し、店舗部分のために必要となる費用分については店舗部分の区分所有者の全体共用部分の共有持分の合計に対する各区分所有者の共有持分の割合により算出することとしています。なお、住戸部分および店舗部分のために必要となる費用の按分は、費用項目を分け

関係法令　区分所有法第16条（一部共用部分の管理）、標準管理規約（複合用途型）第24条（全体管理費等）、標準管理規約（複合用途型）第25条（一部管理費等）、標準管理規約（複合用途型）第31条（区分経理）

【解説】

た上でその項目ごとに費用発生の原因を勘案し、費用負担として振り分けることが適当であるとしています。

◆また、住戸部分についての管理費等と店舗部分についての管理費等は区分して経理する必要があります。

◆なお、例えばエレベーターの利用が住戸部分に限られており低階層の店舗が使用しないことが明確である場合等、ある共用部分の利用が一部の者の利用に限られている場合はこの部分を一部共用部分とし、その管理費等はその部分を利用する区分所有者だけで負担するように定めることができます。

⑩ 一階に住んでおりエレベーターを使用しないので、管理費や修繕積立金は上階よりも安くなるのではないか

共用部分の管理は区分所有者が共同で責任を負うことになっています。エレベーターは共用部分ですから、費用負担の差を設けることはできません。

【解説】

◆共用部分の維持管理は区分所有者が共同で責任を負うため、エレベーターを利用するかどうかは関係ありません。もし階数や場所に応じて負担割合を変えることになれば、「二階に住んでいるが階段を利用している人はどうするのか」というようなさまざまな混乱が生じ、費用負担の合意が困難となります。

◆ただし、店舗用のエレベーターと居住者用のエレベーターが別にある場合などで規約に一部共用部分と明記されている場合は、それぞれ一部共用部分の区分所有者が責任を負うことになります。

◆同様に、団地型標準管理規約に定めてあるように、エレベーターのついている高層棟と階段しかない低層棟がある場合などでは各住棟別の管理費等に差があって当然です。

関係法令 区分所有法第11条（共用部分の共有関係）、区分所有法第14条（共用部分の持分の割合）、区分所有法第16条（一部共用部分の管理）、標準管理規約（団地型）第29条（区分経理）、標準管理規約（複合用途型）第31条（区分経理）

⑪ 管理人室の管理費用はだれが負担するのか

通常管理人室は共用部分ですので、管理組合、すなわち各区分所有者が共同して負担することになります。

【解説】

◆管理人室の管理費用等は共用部分の維持・管理のための費用として、各区分所有者がその持分に応じて共同して負担する義務があります。

◆一方、管理人室はマンション全体の維持・管理を円滑に行うための施設であり、すべての区分所有者のための役割を持つことから、管理規約により規約共用部分とすべきです。したがって管理人室の管理費用は管理組合、すなわち各区分所有者が共同して負担することになります。

◆なお、管理人室が管理会社等の専有部分となっている場合は、管理人室を所有する管理会社等が負担することになります（この場合、管理組合から委託された業務を実施するために必要な経費であるために、管理委託契約に基づき管理組合に請求する場合もあります）。

関連項目　Ⅱ1③管理人室は専有部分か、共用部分か

⑫ 屋上の防水工事をやることになっているが、一階に住んでいるので費用を負担したくない

屋上は共用部分ですから管理組合が管理の義務を負います。管理組合は区分所有者の団体なので、結果的に区分所有者全員が共同で防水工事の費用を負担することになります。

◆屋上部分の防水工事は共用部分の修繕であり、管理組合が責任を持って行わなければなりません。そのため修繕費用は共有持分割合により各区分所有者が共同で負担することになります。

【解説】

◆共用部分の修繕にあたっては管理組合が一括して責任を負うため、その修繕箇所と区分所有者の住戸位置に関係性はありません。

関係法令 区分所有法第14条（共用部分の持分の割合）、区分所有法第19条（共用部分の負担及び利益収取）、標準管理規約第31条（業務）

① 管理組合で活用すべき保険の内容

共用部分の管理責任は管理組合が負うことになっていますが、他人に被害を及ぼし多額の賠償を要求されたりすると、その負担に応じきれないため、管理組合で保険に加入することが考えられます。管理組合向けの保険は、共用部分の火災保険、共用部分の賠償責任保険などで、これらの保険の中には修繕積立金の運用機能を持ったものもあります。

【解説】

◆管理組合で加入する共用部分の損害保険として、火事やガス爆発などの災害には火災保険、外壁の落下による傷害などは共用施設賠償責任保険、機械設備の故障修理などにはマンション機械保険などがあります。

◆洗濯機の水漏れによる家具の損害など、専有部分の賠償事故に備えるのが個人賠償責任保険ですが、専有部分の保険契約はそれぞれの区分所有者が保険会社と契約するものです。

◆もし管理組合が専有部分の賠償責任保険をとりまとめる場合でも、区分所有者が個別に加入する保険との整合や保険金の請求・受領についての理事長への一括委任などについての注意が必要です。

◆なお、管理組合の修繕積立金を活用した保険は非課税扱いとなる場合がありますので、各保険会社に問い合わせてみるとよいでしょう。

関係法令 区分所有法第18条（共用部分の管理）、法人税法第7条（内国公益法人等の非収益事業所得等の非課税）

② 共用部分の損害保険とは

マンションの共用部分でなんらかの事故が発生した場合、その復旧や賠償は管理組合が行わなくてはなりません。このような不慮の事態に備えるための保険で、すべての管理組合でぜひ加入しておくべき保険です。通常、管理規約で損害保険の加入等を管理組合の業務と定めていますのでご確認下さい。

【解説】

◆マンション内で発生した事故については、その事故の発生が共用部分に起因する場合はもちろん、共用部分か専有部分かの判断が困難な場合についても共用部分の維持管理を担う義務を持つ管理組合が事故にかかわる復旧および損害賠償を行うことが必要になります。

◆このため、通常、管理規約に損害保険の加入等は管理組合の業務として定められており、管理費の使用目的にも保険料の支払いへの充当が示されています。

◆なお、保険契約のときには、専有部分と共用部分の境界の区分を規約で十分に確認し壁心基準と内法基準のどちらの基準とするのか検討しておくことが必要です。

◆壁心基準による区分とは、その壁のちょうど真ん中（壁心）を境界とした区分で、内法基準は壁

関係法令 区分所有法第9条（建物の設置又は保存の瑕疵に関する推定）、区分所有法第18条（共用部分の管理）、標準管理規約第23条（損害保険）

【解説】

の表面までを境界とするものであり、もしガス爆発等によってコンクリートの部分まで壊れた場合、壁心基準でかけた共用部分の保険では、外周の外側半分だけが対象で内側は個人負担となります。

◆このため、通常は内法基準により保険契約を行うべきです。

関連項目 Ⅱ１①専有部分と共用部分をどのように判断するのか

関係法令　民法第709条（不法行為の一般的要件・効果）、失火ノ責任ニ関スル法律

③ 共用部分の火災保険とは

マンションで火災やガス爆発等が起きてしまった場合、共用部分にも大きな被害が及ぶことが想定されます。火災保険はこのような場合に備える保険です。特に火災の場合は通常火元のお宅に損害賠償の責任は問われないことになっているので、保険による備えが重要となります。なお、専有部分については各区分所有者が個人的に備えておくことが必要になります。

【解説】

◆専有部分において火災やガス爆発等が起きた場合、その被害は当該専有部分にとどまらず共用部分を含め広範囲に及ぶと想定されます。

◆過失によって他人に損害を与えた場合は賠償責任を負いますが、一区分所有者が復旧費用のすべてを支払えるとは限らず、また特に火災の場合は消火のための放水による被害が想定されるとともに「失火の責任に関する法律」により、重大な過失がない限り誤って火事を起こし他に損害を与えても、その損害賠償をしなくてよいこととなっています。

◆したがって、万一に備え火災やガス爆発に伴う共用部分の復旧のための火災保険に、管理組合として加入しておくことが必要と考えられます。

④ 地震保険とは

地震、噴火、津波による損害を対象とした保険で、単独では契約できず火災保険の付帯契約として加入します。

【解説】

◆地震で住宅が損壊しても通常の火災保険に加入しているだけでは保険金は支払われず、地震による火災で建物が半焼以上の損害にあったときには、火災保険契約額の5％（300万円が限度）が支払われるだけです。そのため、地震による被害の補償を受けるには地震保険に加入する必要があります。

◆補償の範囲は居住用の建物とそこに収容されている家財に限られており、火災保険の契約金額の30～50％の範囲内で限度額が決められているので、地震で建物が全損となっても実際に補償されるのは被害の一部です。

◆詳細については損害保険会社か代理店に確認をしておくとよいでしょう。

関係法令　地震保険に関する法律

⑤ 損害保険契約の名義は

管理組合理事長名とすべきと考えられます。

◆損害保険の契約は管理組合と保険会社との間で取り交わされるものであり、その契約の名義は管理組合理事長名となるべきです。

【解説】

◆また他の人の名義となっていると、損害保険の請求権、受領権はその人にあることになり、問題が発生する可能性があります。

関係法令　区分所有法第18条（共用部分の管理）、標準管理規約第23条（損害保険）、標準管理委託契約書別表第1事務管理業務

関係法令　区分所有法第18条（共用部分の管理）、標準管理規約第23条（損害保険）、標準管理規約第26条（管理費）、標準管理委託契約書別表第1事務管理業務

⑥ 共用部分の損害保険に基づく保険金の請求、受領が管理会社になっているのだが

保険契約者の名義が管理会社となっている場合は、管理組合理事長に変更することが望まれます。

【解説】

◆標準管理規約で定めているように、共用部分の損害保険契約に基づく保険金の請求および受領は理事長が行うことが望まれます。管理会社が代理している場合には、請求額および受領額について理事長が再度確認しておくことが必要です。

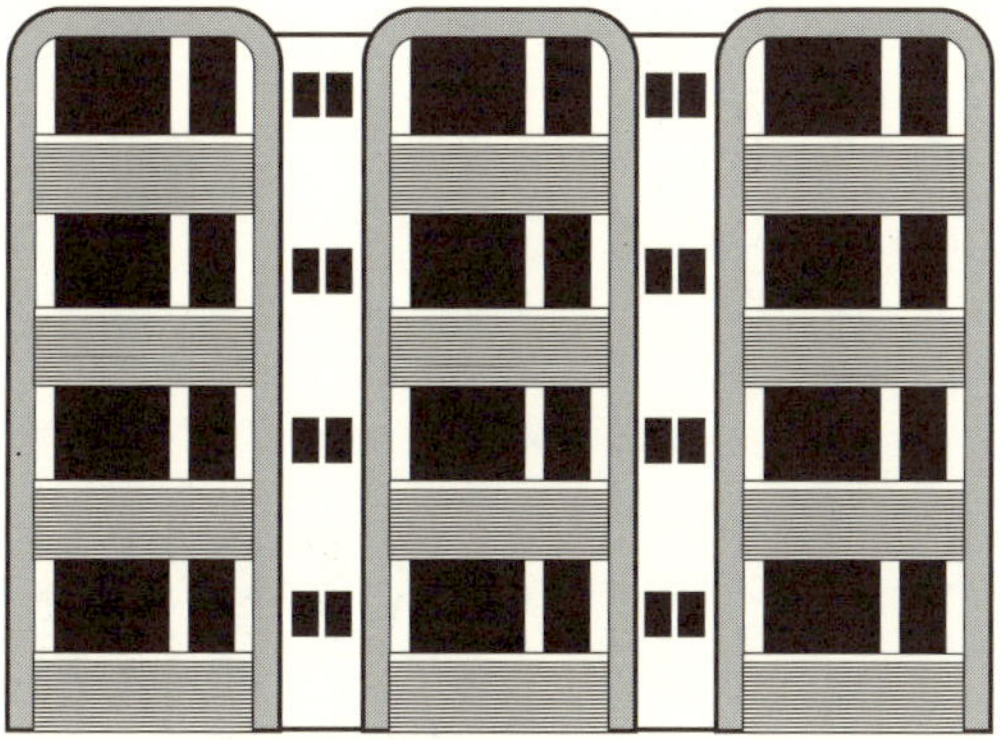

Ⅳ

建物、設備の維持・管理

1 日常の維持管理
2 大規模修繕
3 劣化診断（建物診断）
4 長期修繕計画

① マンションに求められる定期検査・点検と定期報告とは

一定規模以上のマンションについては、建築基準法や消防法、その他の法律に基づいてマンションの設備等を定期的に検査・点検し、行政や関連機関に報告することが管理組合（管理者）に義務づけられています。なお、これ以外にもエレベーターの定期検査や水道の水質等についての検査・報告制度があります。

【解説】

◆建築基準法（第6条第1項第1号、第12条第1項・第2項）では、マンション等の所有者（管理者）に対し、当該建築物の敷地、構造、防火、避難、および施設などの状況について一級もしくは二級建築士等の有資格者が定期的に調査・検査を行い、その結果を特定行政庁に報告しなければならないと定めています。

◆消防法（第17条、第17条の3の3）では、マンション等の所有者（管理者）に対し、消防用設備等を有資格者に点検させ、その結果を管轄の消防署長に報告し維持しなければならないことが義務づけられています。

◆なお、これ以外にも、簡易専用水道施設について水道法に基づく厚生労働大臣の指定検査機関による検査およびその結果の保健所への報告が必要です。

関係法令 建築基準法第12条（報告、検査等）、消防法第17条（消防用設備等の設置、維持）、消防法第17条の3の3（消防用設備等の点検及び報告）、水道法第34条の2（簡易専用水道）、水道法施行規則第55条（管理基準）

【マンションに求められる定期検査・点検と定期報告】

準拠法	名　称	対象となる条件	頻　度	報告先等	概　要
建築基準法	特殊建築物等定期調査	床面積の合計が500平方メートル以上で、3階以上の階の床面積の合計が100平方メートル以上	1回／3年	（財）東京都防災・建築まちづくりセンター	敷地、構造、防火、避難
	建築設備定期検査	同上	1回／年	（財）日本建築設備・昇降機センター	換気設備、排煙設備、非常用照明装置、給排水設備
	昇降機定期検査	昇降機のある建築物	1回／年	東京都昇降機安全協議会	調速器試験、非常止め試験、油圧試験
消防法	消防用設備等の点検および実施報告	すべての消防設備	実施： 1回／半年 報告： 1回／1年 または3年	消防署	消火設備、警報設備、避難設備、消防用水、消火活動上必要な施設
水道法	簡易専用水道施設の検査と清掃	受水槽有効容量が10立方メートル超等	清掃・施設検査：1回／年 水質検査：異常を認めたとき	保健所	水槽清掃、水質検査、施設検査

関係法令 標準管理規約第31条（業務）、消防法第8条（防火管理者）、消防法施行令第1条の2（防火対象物の指定）、消防法施行令第3条（防火管理者の資格）、消防法施行令第4条（防火管理者の責務）、消防法施行規則第3条（消防計画）

② 防火管理者の選任が必要なマンションは

マンションの居住者の数が50人以上となる場合や消防法で定めた用途と複合したマンションの場合、防火管理者の選任が必要です。当該管理組合は、火災、地震等から自分の建物を守るために防火管理者を定め、防火管理者に消防計画を作成させ、防火管理上必要な業務を行わせなければなりません。

【解説】

◆管理について権原を有する者（建物所有者、区分所有者および占有者）は、防火管理者を選任しなければなりません。

◆マンションの場合は、管理組合または居住者の代表を防火管理者として定めなければなりません。

◆防火管理者には、乙種防火管理者講習（1日）または甲種防火管理者講習（2日）を受けた者等資格を持った者を置かなければなりません。

◆防火管理者が作成する消防計画には、消火、通報および避難の訓練の実施、消防の用に供する設備、消防用水または消火活動上必要な施設の点検および整備、火気の使用または取扱いに関する監督、避難または防火上必要な構造および設備の維持管理その他防火管理上必要な業務を定めなければなりません。

◆管理について権原を有する者は、防火管理者を選任した場合や防災管理者が消防計画を作成した場合は建物を管轄する消防署へ届け出が必要です。なお、詳細については建物を管轄する消防署へ相談するとよいでしょう。

③ 自衛消防訓練を実施しなければならないマンション

マンションの居住者の総数が50人以上の場合は、自衛消防訓練を実施しなければなりません。防火管理者は、消防計画に基づき定期的に消防訓練を実施するよう義務づけられています。なお、飲食店等が営業しているマンションでは消火訓練および避難訓練を年2回以上実施することを義務づけられているものもあります。

【解説】

◆マンションの一部分を住居以外の用途に使用しているとさらに厳しい規則となる場合があるので、該当する可能性のある場合は建物を管轄する消防署へ相談する必要があります。

関係法令　消防法施行令第4条（防火管理者の責務）、消防法施行規則第3条（消防計画）

④耐震性に不安があるのだが

耐震診断を受けると、その建物の耐震性をチェックすることができます。特に、昭和56年の建築基準法の新耐震基準が導入される以前の建築物や、一階部分がピロティとなっている建物は耐震性が低い可能性があります。大震災に備えて耐震診断を受け、必要に応じて補強を行っていくことが求められます。

【解説】

◆耐震診断は、関東大震災程度の地震が起きた場合の建物の安全性について調査検討するもので、さらに、耐震補強計画を作成してもらうことができます。

◆なお、耐震診断を行うためには診断費用もそれなりにかかるため（目安として鉄筋コンクリート造５階建て２千平方メートル程度で１５０～２５０万円）総会の決議が必要と考えられます。

◆また、一部の自治体で行っている耐震診断の補助制度を利用できる可能性があるので、積極的に活用して下さい。

関連項目
Ｉ３⑤総会の成立要件および議事の決定方法は
Ｉ３⑥総会における議決権とは何か

⑤ 専有部分のリフォームをしようと考えているのだが、勝手にやってよいか

専有部分のみの工事であっても、周辺の住戸に影響を与える可能性があるため、管理組合に届け出をし、少なくとも上下階および隣接する住戸の区分所有者・居住者に伝えておきましょう。専有部分と共用部分の区別は複雑であるため、専有部分の工事のつもりでも共用部分に関係する可能性があります。リフォーム箇所が共用部分にかかる場合は、管理組合理事会の承認を受けるなど一定の手続きが必要です。

◆原則として、専有部分は区分所有者の所有であるため自らの判断により改良できますが、マンションの場合1枚の壁を隔てて住戸が接していることから、戸建て住宅のように自由にできないことを理解すべきです。

【解説】

◆工事中の騒音や、床をフローリングにしたことによる階下に住む居住者とのトラブルなどがあるため、専有部分の改良工事であっても周辺居住者に工事内容を知らせる必要があり、管理組合にも届け出をするように規約で定めているところが多

関係法令 標準管理規約第17条（専有部分の修繕等）、標準管理規約第52条（議決事項）、標準管理規約第17条関係コメント

いです。また、床下の配管の取り替えなど大規模修繕にあわせてリフォームをする方が費用の負担が少なくて済む可能性があるため、管理組合で各住戸のリフォーム状況を把握し修繕計画等の情報提供をすれば、各区分所有者にとってもメリットになります。

◆これらリフォームの手続きに関しては、使用細

【解説】

則等で定めることが必要です。なお、「中高層共同住宅標準管理規約」コメントでは、「リフォームの承認のために専門的な判断が必要となる場合、……専門家の協力を得ることを考慮する」とあり、この判断の際に管理アドバイザーを活用することが考えられます。

関連項目
Ⅱ１①専有部分と共用部分をどのように判断するのか
Ⅰ２⑬使用細則の設定・変更等はどのようにして行うのか（そのための要件は）
Ⅳ１⑦リフォームしたいという届けが出ているのだが、管理組合としてどのように対応したらよいのか

⑥ リフォームしてもよい部分、悪い部分

リフォームの対象は原則として専有部分だけです。ただし、どのようにリフォームをしてもよいというわけではありません。また、専有部分だけをリフォームする場合でも工事中の騒音や業者の出入り等で他の区分所有者等に迷惑をかけることもありますので、原則として管理組合に届け出る必要があります。なお、リフォームの内容等について管理規約や使用細則に明記されている場合があるので確認して下さい。

【解説】

◆区分所有者は、その所有する専有部分について原則として自由にリフォームすることができますが、区分所有法第6条第1項に「建物の保存に有害な行為その他建物の管理又は使用に関し区分所有者の共同の利益に反する行為をしてはならない」と規定されていることから専有部分のリフォームはこの規定に定められた範囲の中で行わなければならず、また基本的な共同生活のルールとして、他に迷惑を及ぼすようなリフォームを行ってはなりません。

◆リフォームをしてよい内容は、例えば、壁紙の張り替え、床のフローリング、ユニットバスの取

り替え、エアコンの室内機の設置、間取りの変更等があります。

◆なお、配管（配線）の枝管（枝線）の取付け、取替え工事については、共用部分内にかかわる工事についても区分所有者が行うことができると考えられますが、この場合は管理組合の承認を得る必要があります。

【解説】

◆いずれにしてもリフォームを行う場合は、工事中も工事完了後も他の住戸に迷惑を及ぼさないよう十分配慮をするとともに、その内容等について管理組合に届け出を行い、承認を得ることが必要と考えられ、リフォームの内容やその届け出についてのルールを管理規約や使用細則等に定めておくことが重要と考えられます。

関係法令　区分所有法第6条（区分所有者の権利義務等）、標準管理規約第17条（専有部分の修繕等）

関連項目　Ⅱ１①専有部分と共用部分をどのように判断するのか

⑦ リフォームしたいという届けが出ているのだが、管理組合としてどのように対応したらよいのか

専有部分のリフォームは管理組合の承認制として、共用部分に影響を及ぼす変更や隣接居住者等とのトラブルを未然に防ぐために、工事内容の掲示を義務づけ、施工基準等を定めるなどの対応が考えられます。また、これらの手続きについては規約に定めるか、リフォームに関する使用細則を作成しておくことが望ましいでしょう。

【解説】

◆専有部分は区分所有者個人が所有する部分であるため、原則として自らの判断により改良できますが、専有部分のリフォームによるトラブルが頻発していることから、リフォームの際には申請書により管理組合が一定の基準で承認する形式をとることが望ましいと思われます。

◆中高層共同住宅標準管理規約第17条とそのコメントでは、リフォームを行う区分所有者が承認申請を行うこととし、判断のための調査が必要な場合は調査費用は申請者に負担させることが適当としています。

◆また、この調査等の場合には、「承認を行うに当たっては、専門的な判断が必要となる場合も考えられることから、専門的知識を有する者（建築

関係法令　区分所有法第6条（区分所有者の権利義務等）、区分所有法第30条（規約事項）、標準管理規約第17条（専有部分の修繕等）、標準管理規約第17条関係コメント

【解説】

士、建築設備の専門家等）の意見を聴く等により専門家の協力を得ることを考慮する。…」としており、この「専門的知識を有する者」として「管理アドバイザー制度」を活用することが有効であると考えられます。

関連項目　Ⅳ１⑤専有部分のリフォームをしようと考えているのだが、勝手にやってよいか

⑧ 床をフローリングにしたいのだが

フローリングにする場合、階下の住戸への音の問題について十分注意して下さい。特に、カーペットからフローリングに変更する場合は音が大きくなる場合があり、生活騒音でのトラブルとなりがちなので注意が必要です。管理規約や使用細則にリフォームについてのルールが定められている場合がありますので確認して下さい。

【解説】

◆フローリングにする場合の問題点は、他の住戸への騒音の発生です。通常カーペットの床衝撃音の遮音等級（L値。数字が小さいほど遮音性能が高い）はL35ですが、これに対し遮音性能上好ましいとされている1級のフローリング床でもL45、遮音性能が非常に優れている特級のものでもL40です。したがって、カーペットからフローリングにすると階下への音は大きくなる可能性が高いと考えられます。

◆したがって、フローリングにリフォームする場合はできるだけ遮音性能の高いフローリング材を使用するとともに、フローリングの上にじゅうたんを敷いたり、床を二重床（フローリングと、その下の床の構造部分との間に空間を持たせる）にするなどの工夫が必要と考えられます。

◆またフローリングを含むリフォームについての

ルールを管理規約や使用細則に定めている管理組合もあり、この場合はこのルールに従うことが原則となります。なお、このようなルールがない管理組合の場合はリフォームに関するトラブルを防止するために、できればこのようなルールを定めることが望まれます。

◆標準管理規約コメントでは、「特に、フローリング工事の場合には、構造、工事の仕様、材料等により影響が異なるので、専門家への確認が必要である」とあり、専門家のアドバイスを参考にするなどの方法も考えられます。

【解説】

■床衝撃音レベルに関する適用等級

建築物	用途	部位	特級	1級	2級	3級
			遮音性能上非常に優れている	遮音性能上好ましい	遮音性能上ほぼ満足しうる	遮音性能上最低限度である
集合住宅	居室	隣戸間界床	L－40 L－45※	L－45 L－50※	L－50 L－55	L－60

注）原則として、軽量、重量両衝撃源に対して適用、ただし※印は重量衝撃源のみに適用

関連項目　Ⅱ 3 ①他の住戸からの音がうるさくて困っている

関係法令 区分所有法第17条（共用部分の変更）、標準管理規約第7条（専有部分の範囲）、標準管理規約第7条関係コメント

⑨ アルミサッシをつけ替えたいのだが

各マンションの規約によりますが、基本的に窓枠は共用部分となっていますので、つけ替えるのであれば管理組合の承認をもらうことが必要です。

【解説】

◆標準管理規約では窓枠は共用部分と定められており、共用部分の変更に際しては管理組合の総会の決議が必要です。ただし、アルミサッシの取り替えは区分所有法第17条のかっこ書き（改良を目的とし、かつ、著しく多額の費用を要しないもの）にあたると考えられ、理事会の承認のみで許可できるように規約で手続きを定めることができます。

◆許可にあたっては、外観の一体性を損なわないために、また重量の問題もあるために十分に注意が必要です。

◆大規模修繕の一環として窓枠を取り替えるのであれば組合が費用を負担しますが、個別で改良工事を行う場合の費用は個人が負担することになります。

関連項目 Ⅱ１①専有部分と共用部分をどのように判断するのか

⑩ 雨戸をつけたいのだが

マンション全体の外観にかかわることであり、基本的に共用部分の変更になりますので管理組合全体で話し合うことが必要になります。

【解説】

◆マンションの窓の外側に取りつける雨戸は共用部分にあたり、その取りつけは共用部分の変更に該当します。共用部分の変更には集会における議決が必要です。また、雨戸の取りつけはマンション全体の外観を大きく替えることになります。

◆したがって、まず雨戸の取りつけの是非および取りつける場合はその仕様等を含め、管理組合全体で話し合うことが必要です。

関係法令 区分所有法第17条（共用部分の変更）

関連項目 Ⅱ１①専有部分と共用部分をどのように判断するのか

関係法令　区分所有法第6条（区分所有者の権利義務等）、区分所有法第17条（共用部分の変更）、標準管理規約第17条（専有部分の修繕等）、標準管理規約第17条関係コメント

⑪ エアコンをつけるために壁に穴をあけてよいのか

外壁は共用部分なので、勝手に穴をあけることはできません。

【解説】

◆外壁は共用部分であるため、基本的には穴をあけることは許されていません。

◆ただし、壁に穴をあけること以外に居住環境の改善が難しい場合などについては、管理組合が構造、景観、法規上問題がない箇所に穴をあけることを認めることも考えられます。

◆この工事にあたっては専門知識が必要となるため、建築士に相談してみるのがよいでしょう。一方、管理組合としてはあらかじめこのような手続き（例えば、総会決議ではなく理事会の承認を条件とすること、調査費用も工事発注者の負担とすることなど）を規約や使用細則に定めておくとよいでしょう。また、区分所有者の共通したニーズなのであれば大規模修繕工事の一環として行うことも検討する必要があります。

◆また、屋内の壁にエアコンを取りつけるときにも、共用部分である躯体にアンカーを打ち込む場合などは管理組合に許可をもらう必要があり、「中高層共同住宅標準管理規約」では、リフォームを管理組合の承認制として工事の躯体に与える影響、防火、防音等の影響、耐力計算上の問題、他の住戸への影響等を考慮して、承認するかどうか判断するとしています。

関連項目　Ⅱ 1①専有部分と共用部分をどのように判断するのか

関係法令 水道法第34条の2、水道法施行規則第55条（管理基準）、小規模給水施設の衛生管理指導要綱（東京都衛生局）

⑫ 赤水が出て困っている

赤水は給水管の老朽化による鉄さびが原因です。朝の使い始めの水だけが赤いなど一時的である場合はその水を飲用としないようにしますが、最終的には給水管の取り替えが必要となります。

【解説】

◆赤水は古くなった配管の鉄さびが原因で起こるもので、誤って少々飲んでしまっても特に心配はありませんが、異臭味や洗濯物への着色障害が生じます。また、さびこぶのために水の出が悪くなることもあります。

◆応急処置として管の内部を研磨しコーティングする方法もありますが、抜本的に問題を解決するには給水管の更新が必要となります。給水管取り替えの目安としては15～22年くらい（(財)マンション管理センター作成の計画修繕マニュアルによる）ですが、調査診断によって劣化状況をくわしく知ることができます。

◆水道法では、鉄の水質基準は0・3ミリグラム／リットル以下と定められており、その水質検査は保健所または水質検査機関で受け付けています。

◆当然のことながら、これら給水管や受水槽等の管理は、管理者が責任を持って行わなくてはなりません。

⑬ 室内における結露やカビ、ダニの発生で困っているのだが

結露やカビの発生は部屋の湿度が高いことが主な原因と考えられ、窓を開けるなど換気に気をつけることが必要です。ただし、漏水や施工上の問題が原因となっている可能性もありますので、他のお宅の状況等を調べ、どこのお宅でも同じような状況であれば分譲会社に相談してみて下さい。なお、築後1～3年のうちはコンクリートに水分が含まれているため結露が出やすい傾向があります。

ダニの発生でお困りの場合は、掃除機を使ってこまめに掃除をすること、換気をよくするなどして室内の湿気をできるだけ少なくする対策も必要です。それでも状況が改善されないときは、お近くの保健所にご相談下さい。

【解説】

◆一般にマンションは気密性が高いので、換気が不足している場合、台所や浴室で発生する蒸気のほか開放型暖房器具の使用や洗濯物を室内で干すなどの住まい方に起因して結露が発生します。したがって、基本的な対応策は室内での湿気の発生をおさえること、発生源の湿気を速やかに屋外へ

【解説】

排出することです。

◆なお、築後1~3年のうちはコンクリートに含まれている水分が徐々に発散するため、換気に注意する必要があります。

◆しかし、換気扇の処理能力不足や断熱施工の不良等、設備や施工上の瑕疵が原因となっている場合も想定されます。この場合は特定の住戸だけでなく、通常マンション内の多くの住戸で問題が発生しており、まず、マンション全体での問題の発生状況を調べることが必要です。もし多くの住戸で同様の状況が起きているのであれば、管理組合として状況を把握した上で、分譲会社に改善を申し入れることになります。

◆ダニは、通常室内に必ず住み着いているものですが、その発生が顕著である場合やアレルギーなどの被害を受けている場合は、掃除機をこまめにかけ、ダニのエサとなるものとダニやその糞、死骸などを取り除くことが基本的な対応策です。またダニは湿気の多い環境を好むので、換気に気を配ることや布団をこまめに干すこと、畳の上にカーペットを敷くのを控えること等も必要です。

◆なお、「ダニ刺され」の被害を受けることがあり、これは畳などに発生するツメダニの場合が多いですが、ネズミや野鳥に寄生する吸血性のダニの場合もあります。ツメダニの駆除には畳乾燥車の利用が効果的ですが、吸血性のダニが出たときにはネズミの駆除や鳥の巣を取り除くことが大切です。駆除等の相談は保健所で受け付けています。

関連項目 V2①新築マンション購入後、建物、設備、内装などの不具合が発生したのだが

⑭ 樹木に害虫が発生したのだが

害虫が発生している樹木だけでなく、マンション全体での（場合によっては周辺の地域も含めた）対応が必要です。なお、敷地内の樹木の管理は管理組合の責任で行うことになりますが、専用庭がある場合は専用庭を使用しているお宅との害虫駆除費用の負担のあり方について検討することが必要と考えられます。

【解説】

◆マンション敷地内の樹木に害虫が発生した場合は、発生の程度にもよりますが基本的に発生している樹木だけでなくマンション敷地内の樹木全体についての害虫の駆除等の対応が必要と考えられ、場合によってはマンションの周辺も含めた地域ぐるみでの対応が必要な場合もあります。

◆また、マンションの敷地の維持・管理は管理組合が行うこととなり、その費用負担は区分所有者全員が共同して負担（管理費で負担）することとなります。ただし、専用庭がある場合は当該部分について専用使用権を持つ区分所有者に別途の費用負担を求めることも考えられ、この点について管理組合として検討することが必要です。

◆なお、化学物質による環境汚染や健康への影響について社会的な関心が強まる中、薬剤散布など害虫駆除をめぐる考え方の違いから住民同士が対立する事例が増えているため、害虫駆除にあたっては防除方法についての合意形成が必要です。

関係法令 遺失物法第12条（準遺失物）、火災予防条例（東京都条例第65号）第54条（避難施設の管理）、標準管理規約第18条（使用細則）

⑮ 共用部分に放置自転車が多く困っているのだが

まずマンション居住者の自転車と、それ以外の自転車を区別することが必要です。

居住者以外の放置自転車に対しては荷札などで警告をして一カ所に集めて管理をし、所管の警察署と打ち合わせた上で処分のための手続きを行います。またマンション居住者の自転車が問題となっている場合は、居住者同士で話し合いをして自転車にかかわる使用細則をつくったり細則を見直したりすることが考えられます。

【解説】

◆マンション居住者の自転車とそれ以外の自転車を区別するには、管理組合で自転車専用のシールを作成し、管理組合に登録した自転車に持ち主の名前と室番号等を書いて貼付する等の方法があります。

◆居住者以外の放置自転車には、警告札により「所定の日時までに撤去しない場合は管理組合で処分する」旨の警告をし記録をしておきます。さらに、所定の日時を過ぎても撤去しない自転車は一カ所に集めてロープなどで拘束し、所有者確認や盗難車かどうか、さらには処分方法等について所管の警察に相談するとよいでしょう。

関連項目

Ⅰ２⑫使用細則や使用規則とは
Ⅰ２⑬使用細則の設定・変更等はどのようにして行うのか（そのための要件は）
Ⅳ１⑯自転車置き場の使用ルールを守らない人が多く困っているのだが

⑯ 自転車置き場の使用ルールを守らない人が多く困っているのだが

まずは自転車置き場の使い方について居住者の注意を喚起することです。
使用細則がないか、あるいはあっても実態に合わない場合は居住者の話し合いをもとに自転車の使用細則をつくったり、改正をする必要があります。また駐輪場が狭いことが根本の理由である場合は、一戸当たりの保有台数の制限や駐輪場の増設などを検討してみるのもよいでしょう。

【解説】

◆自転車の使用細則がないか、あるいはあっても実態に合わない場合は居住者間で話し合いを行い、各戸の自転車保有台数の上限、管理組合への登録制とすること、駐輪場所の指定、使用料、違反時の扱いなどを定めた使用のルールをつくることや見直すことが必要です。

◆さらに、登録した自転車には、所有者の名前を書いたステッカーを貼り、各住戸ごとに駐輪する場所を指定すると、だれがルールを守っていないのかが一目でわかるようになります。また有料制とすることで必要のない自転車の処分を促す効果もあります。

◆バイク等は場所をとるだけでなく、重くて危険であるため、自転車と駐輪場所を分けて使用料に

関係法令 区分所有法第17条（共用部分の変更）、標準管理規約第3条（規約の遵守義務）、標準管理規約第18条（使用細則）、標準管理規約第46条（議決事項）

差を設けることなども考えられます。

◆また、駐輪場の絶対数が不足する場合には、2段式駐輪機を設置したり、敷地内の空地を使って駐輪場の増設をすることも考えられますが、これ

【解説】

らは共用部分の変更を伴うマンション全体にかかわる問題であるため、専門委員会をつくり居住者にアンケートをとるなど慎重に検討を進める必要があります。

関連項目

Ⅰ 2 ⑫使用細則や使用規則とは
Ⅰ 2 ⑬使用細則の設定・変更等はどのようにして行うのか（そのための要件は）
Ⅳ 1 ⑮共用部分に放置自転車が多く困っているのだが

⑰ 外部の人が集会室を利用したいと言っているのだが

集会室は共用部分ですから、通常はこれを共有する区分所有者がそれぞれの割合に応じて管理費用を負担し、生ずる利益を享受しています。もしマンション居住者以外の人に貸し出すのであれば、区分所有者等の利益が損なわれないように配慮したルールをつくり、総会で承認を得る必要があります。

【解説】

◆集会室は法定共用部分ではありませんが、たいていは規約により共用部分として定められています。そして共用部分の場合は区分所有者の共有となるため、集会室はマンション居住者の利益に供すべき施設です。

◆ただし集会室の利用頻度が高くないなどの状況があり、外部の人の利用ニーズが高い場合においては、第三者への集会室の貸し出しを検討することも考えられます。

◆第三者に貸し出しをする場合は、区分所有者等の利用が制限されることのないように利用や申し込みの受付を居住者に優先させるなどのルールをつくり、使用細則の変更等について総会の決議を経る必要があります。

◆使用料については集会室利用者を居住者に限定して無料にすることも考えられますが、設備が整っていたり外部の人に貸し出すなどの場合は使用にかかわる実費相当額を使用料として徴収することを検討してもよいでしょう。

◆そして、この使用料を集会室の管理費用に充当した上で、修繕積立金等に積み立てることとすれば区分所有者の共同の利益を増進することにもつながります。

関係法令 区分所有法第13条（共用部分の使用）、区分所有法第19条（共用部分の負担及び利益収取）、標準管理規約第8条（共用部分の範囲）、標準管理規約第16条（敷地及び共用部分等の第三者の使用）

⑱ 新築マンションに入居したら目がチカチカするのだが

新しいマンションやリフォーム後の室内には、工事に使用した建材、塗料、接着剤等から発生する化学物質の濃度が高くなっています。このため換気が十分に行われなかったり、化学物質に過敏な体質の人は、目がチカチカしたり、のどや鼻に刺激を受けたり、頭痛や目まいなどさまざまな症状を引き起こすことがあります。換気を十分に行うことが基本的な対策となりますが、場合によってはしばらくその住宅から離れたほうがよい場合もあります。

【解説】

◆新築の住宅に入居したり、室内のリフォームを行ったりすると、工事中に使用した建材、塗料、接着剤等から発生する化学物質等により、さまざまな身体異常を起こす場合があり、これを一般にシックハウス症候群とか新築病と呼んでいます。

◆シックハウス症候群の典型的な症状は、目のチカチカや、のどのイガイガのほか、目まいや頭痛、疲労感などで、住宅の気密性の向上や換気不足が関係しているといわれています。

◆目に刺激を与えるのは主として接着剤などに含まれるホルムアルデヒドと考えられています。厚生労働省では、ホルムアルデヒドの室内濃度指針値を30分平均値で０・１ミリグラム／立方メートル（０・０８ppm）以下としています。また、室内にはホルムアルデヒド以外にも揮発性の有機化合物が多数存在しており、ある程度の濃度以上になると刺激や不快感を生じます。

◆ホルムアルデヒドは温度や湿度が高いと揮発しやすくなるため、梅雨の時期から夏にかけて室内の濃度が高くなる傾向があります。また、建材中から発生するホルムアルデヒドは急激には減少しないので、冬に室内の濃度がいったん低下してもまた次の夏には上昇するのが一般的であり、数年間は注意が必要です。

【解説】

◆改善のためには、できるだけ換気をこまめにしっかりと行うことが重要です。特に部屋を閉め切ってしまう就寝の前後や長時間の外出からの帰宅時のほか、冷暖房時にも十分に換気を行うことが大切です。気密性の高いマンションでは、常時トイレや浴室の換気扇を回しておくのも効果的です（給気口は開けておく）。

◆建材のほかにも、家具や防虫剤、殺虫剤、芳香剤等の家庭用品からも有害な化学物質が発生することがあるので、異常を感じた人やアレルギー体質の人がいる場合はできるだけ使用を控えることが大切です。

① なぜ大規模修繕が必要か

いくらマンションがコンクリートで丈夫につくられていても、年を追うごとに専有部分の内装などはもちろんのこと、外壁や塗装部分、給排水設備等の共用部分も傷んできます。またコンクリート自体でさえも、表面の仕上げ部分が傷めば徐々に強度が落ちてきます。傷んだ部分をそのままにしておけば、みなさんの大切な住まいであり資産であるマンションの性能や価値はどんどん落ちてしまいます。ある程度以上に傷みが進行するとその補修費用が割高になり、さらには補修が不可能ということもあり得ます。

このため、分譲マンションを長期にわたって快適で安全なみなさんの住まいとして維持し、また大切な資産としての価値を保つためには、共用部分について計画的に大規模な修繕工事を確実に実施することが必要になります。

【解説】

◆コンクリートといえども、表面の仕上げが劣化すれば、表面から徐々に中性化し、内部の鉄筋をさびやすくさせ、さびついた鉄筋は膨張して表面のコンクリートを押し出し、ついにはコンクリートを剥落させ鉄筋が表面に露出するようになります。

◆同様に、屋上の防水性能、配管等の各種設備についても年月とともに否応なく劣化していきます。

◆このような経年劣化をそのままに放置しておけば、マンションの住まいとしての機能も、資産としての価値も大きく落ちてしまうことになります。

◆専有部分については、その専有部分を所有する区分所有者が維持・管理することになりますが、マンションを良質なストックとして長期にわたり維持・保全するためには、共用部分に該当する躯体のコンクリートや設備等について区分所有者が協力しあい、計画的かつ定期的に大規模修繕工事を実施することが必要です。

関係法令 標準管理規約第31条（業務）

② 大規模修繕はいつ行えばよいのか

大規模修繕は、マンションの各部位の修繕サイクルをもとに大がかりとなる工事をまとめて行うもので、5～15年程度の周期で行われています。

大規模修繕は長期修繕計画において、いつ、どのくらいの費用で行うかを示しておかなくてはなりませんが、仮に長期修繕計画がなくても実施しなくてはならないものです。また、実施の前にはどのような工事が必要かを劣化診断により再びチェックし、大規模修繕工事の内容を決定します。

また、日常生活への影響をできるだけ少なくし適切な工事を実施するためには、通常梅雨の時期、盛夏、正月前後の寒期はできるだけ避けたほうがよいと考えられます。

【解説】

◆大規模修繕工事は、主な内容となる外壁や鉄部の塗装工事、躯体改修工事、屋根防水工事、給排水管更生・更新工事などの物理的な耐用年数を目安に、おおよそ建築後5～15年程度の周期で行われています。

◆これらの工事をするには多額の費用がかかるた

め、長期修繕計画を策定してその計画に基づいた修繕積立金を積み立てていくことが望まれます。

◆ただし、長期修繕計画に定められているからといって、必ずその計画のとおりに大規模修繕を行わなくてはならないのではなく、建物・設備の老朽度や修繕積立金の積立額を勘案しながら柔軟に対応すべきです。

◆また、例えば屋上の防水工事を行う際には、施工上雨が多く降る時期を避ける必要があります。

【解説】

工事内容によっては建物の周囲に足場がつくられ、窓やベランダがネットで覆われることになるため風通しが悪化します。

◆このようなことを踏まえ、工事の円滑な実施と日常生活への影響をできるだけ少なくするためには、梅雨の時期、盛夏、正月前後の寒期の時期はできるだけ避け春もしくは秋に工事の実施時期を設定することが望ましいと考えられます。

関係法令　標準管理規約第27条（修繕積立金）、標準管理規約第27条関係コメント

【修繕周期の目安】

区　分	部　材	修繕周期の目安	備　考
建築	外壁補修・塗装	9～15年	
	共用内壁・天井等塗装	9～15年	
	鉄部塗装	3～6年	
	屋上防水・取替	10～30年	工法による
	床防水	8～14年	
	床修繕	10～21年	
	シーリング	9～15年	
	集合郵便箱取替	17～23年	
	外壁回り金物取替	9～15年	
機械設備	屋内給水管・更生	10～15年	15～22年取替
	受水槽取替	23～29年	
	給水ポンプ補修	6～9年	12～18年取替
	屋内雑排水管取替	16～24年	
	屋内汚水管取替	30～　年	
	消火ポンプ補修	6～9年	12～18年取替
	消火栓管取替	30～　年	
	警報設備取替	20～24年	
	屋内ガス管取替	30～　年	
	エレベーター機器取替	25～30年	
電気設備	照明器具	10～18年	
	共用分電盤補修	16～20年	
	制御盤補修	13～17年	
	テレビ共聴設備	12～15年	
	避雷針設備取替	12～15年	
外構・工作物	道路・街渠補修	16～24年	
	遊戯施設補修	12～17年	
	フェンス取替	15～20年	
	機械式駐車場補修	10～20年	
	駐輪場補修	10～15年	

資料：計画修繕マニュアル（（財）マンション管理センター）より一部抜粋して掲載

関連項目
IV 4 ①長期修繕計画とは
III 2 ①修繕積立金とは
IV 3 ①劣化診断（建物診断）の目的と内容は

③ 大規模修繕をどのようにして実施したらよいか

大規模修繕を実施するには、工事の内容や業者の選定、資金調達等さまざまなことを検討しなければなりません。これらを検討し区分所有者の合意を得ていくには、専門的な知識と1～2年間程度の期間が必要なため、理事会の諮問機関として大規模修繕工事の内容等を検討する専門委員会を設置することが必要と考えられます。

設置にあたっては、管理組合の総会で大規模修繕工事について検討を始める必要があり、そのためには専門委員会の設置とともに、劣化診断（建物診断）等の調査の実施について議案として諮り、承認を得ることが必要です。また、併せて専門的知識を持つ区分所有者等、専門委員会のメンバーを募集することも考えられます。

専門委員会では、修繕工事の必要性と実施すべき工事の内容、工事金額とその資金調達の方法、業者の選定等についてその検討結果を答申し、その結果を理事会が総会に諮ります。そして決議を得た後に、業者との契約を行い工事を実施するのが一般的な流れです。

【解説】

◆大規模修繕工事の実施にあたっては、共用部分についての工事であり、またその費用は各区分所有者が共同して負担するものであることから、工事の内容、費用、業者の選定等について管理組合総会での決議が必要となります。このため、各区分所有者が納得し合意が得られるよう、適切かつ妥当で客観的な資料を作成する必要があります。

◆このようなことから、管理組合総会の承認に基づき、理事会の諮問機関として大規模修繕工事について検討する専門委員会を設置することが必要と考えられ、この専門委員会で工事の必要性と内容、資金計画、業者の選定（内容）等を行いその検討結果を答申します。さらにその結果を理事会が総会に諮り、決議を受けた後、業者を決定し契約を行い工事を実施することになります。この場合、内容が専門的であり具体的な業者名や費用の額等が示されることになるため、できれば臨時総会とすることが望まれます。

◆なお、大規模修繕工事の準備に着手してから工事の完了までの手順は、準備段階、計画段階、実行および整理の段階の四つの段階に分けることができ、各段階における管理組合の主な役割を整理すると次図のとおりとなります。

【大規模修繕工事の4つの段階】

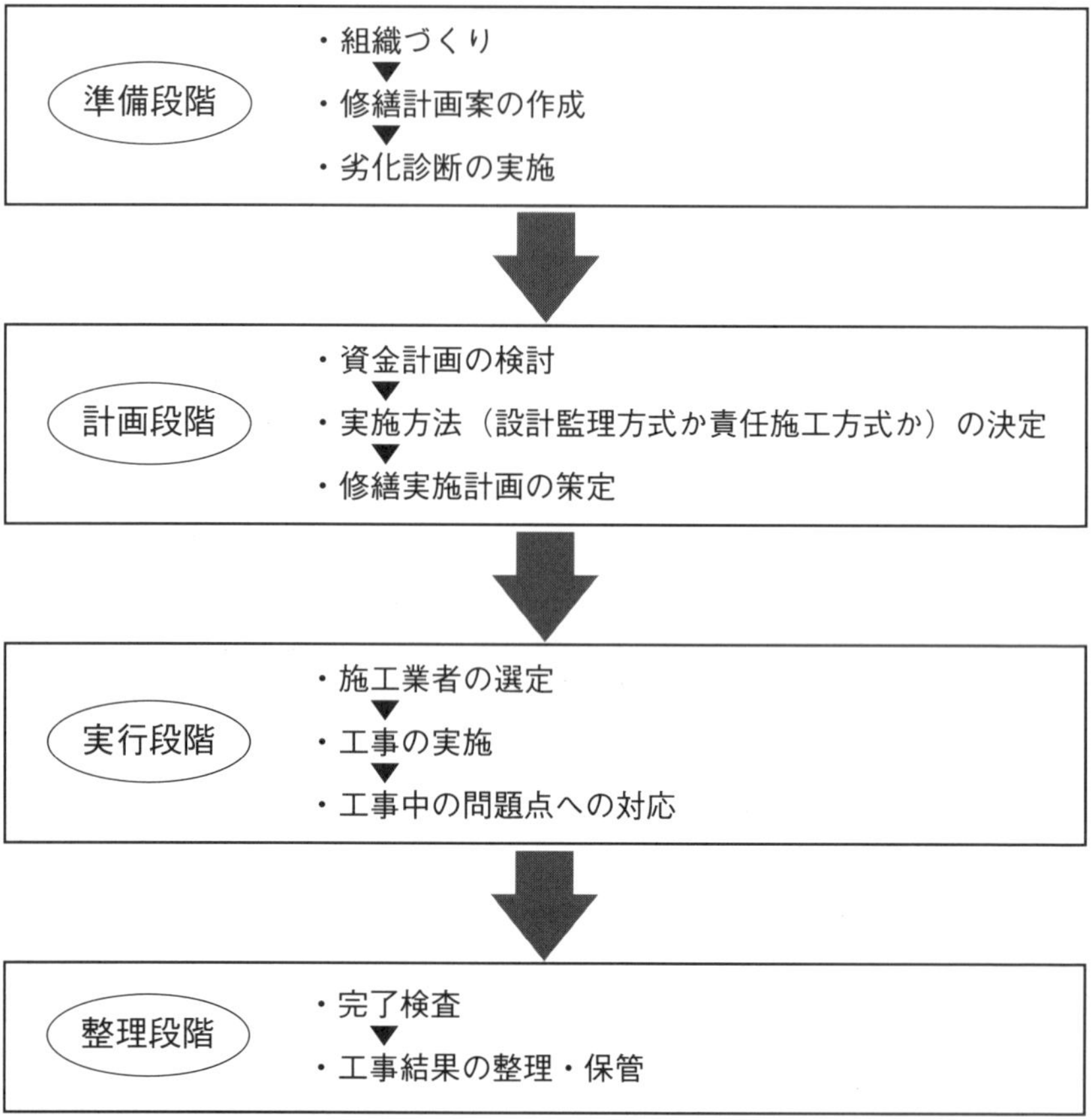

関連項目
Ⅰ 3 ⑤総会の成立要件および議事の決定方法は
Ⅰ 3 ⑥総会における議決権とは何か
Ⅳ 2 ⑦大規模修繕工事の実施に向けて検討を始めようとしているのだが、どのようなことに注意したらよいのか

④ 大規模修繕はどのくらいの費用がかかるのか

各マンションの条件や工事内容によって異なりますが、躯体改修、外壁改修・塗装、鉄部塗装、防水などを中心とする修繕工事を実施した場合、戸当たりおよそ50～100万円くらいの費用がかかるとされています。

【解説】

◆大規模修繕の費用は、その建物特性や工事の具体的な内容によって変わってくるため一概には言えませんが、（社）高層住宅管理業協会の資料および日本住宅管理組合協議会や集合住宅管理組合センターによる近年の工事の事例資料によると、戸当たりでおよそ50～100万円程度の費用がかかっているようです。

◆建物の形態

○住戸数が少なかったり、専有面積が広ければ割高になります。平面プランが複雑であれば、足場の設置や、壁面の面積増などにより費用の負担が増えることになります。

◆経過年数

○築年数がたつほど、補修や取り替えが必要な部位が増えてきます。

◆改修の内容

○外壁塗装、躯体の改修、鉄部塗装、屋上の防水など、どのような修繕工事を行うかによります。また、材料や工法の違い、グレードアップを目的とした改良工事をするかどうかで工事費用は大きく変わります。

⑤ 修繕工事会社の選定について

修繕工事会社の選定方法は、主に特命随意契約、見積もり合わせ、指名競争入札の三つの方法があります。どの方法をとるにしても選定方法をオープンにして、選考過程に疑問を持たれないようにするのが肝要です。最終的には管理組合が信頼できると判断したところに依頼します。

【解説】

◆特命随意契約は信頼のおける施工会社に一括して責任施工させるもので、劣化診断や資金計画のアドバイスを含むこともあります。

◆見積もり合わせは、数社の施工希望者に対して修繕設計図書を提示した上で見積書を提出させ、その内容の検討、ヒアリング等を行いながら最も適当と考えられる施工会社を選定します。

◆指名競争入札は、数社の希望または指名業者に対して修繕設計図書を提示し、さらに現場説明およびその質疑応答も入札条件として入札を行い最低価格者を落札者とします。

◆どのような選定方法をとるにしても、まずは明

【解説】

確な選定基準を持ち、常にすべての区分所有者に対して客観的かつわかりやすく情報を開示しながら区分所有者が納得できる方法をとらなければなりません。

◆修繕工事会社の募集にあたっては、近傍のマンションを修繕した会社の評判を聞く、業界紙に公告する、修繕工事会社のリストをあたる等の方法をとって、候補となる業者を広く募り、その中から条件にあったいくつかの業者を選んで仕様書に沿った見積もりを出してもらいます。

◆各業者から見積書をとって判断をするときは、選定の基準がないと比較が困難となってしまうので、できればあらかじめ大規模修繕工事の内容を細かく定めた共通の仕様書（工事項目、工事数量、工事方法）および工事費の概算を作成しておく必要があります。

◆修繕工事会社の選定基準は各管理組合の判断によりますが、単純に費用が安ければよいというものではなく、マンション修繕の経験やアフターサービスなどさまざまな条件を加味しておくことが大切です。

◆管理会社は施工会社の一つとして参加してもらうか、または管理組合の立場で修繕準備のアドバイスをしてもらうなどの役割が考えられます。

◆また、工事の監理にあたっては修繕工事会社と関係のない第三者に依頼することが基本です。

◆なお、施工会社の選定は一般に次頁に示す手順で行うことが考えられます。

優れた施工会社のリストアップ

・まず、見積もりを依頼する候補として、工事の実施能力があり信頼できる会社を複数リストアップします。

・リストアップの方法は、居住者、管理会社および関連団体からの推薦や紹介、業界紙を利用した公募、修繕工事を実施した他の分譲マンションからの紹介などが考えられますが、経営状態や実績等について確認しながらリストアップするようにします。

↓

統一の仕様書を提示して、見積もりと工事内容についての提案を受ける。

・リストアップした会社に、管理組合が作成した統一の仕様書を提示し、見積もりと工事内容についての提案の提出を依頼します。

↓

提案の内容を評価し、業者を選定する。

・複数の会社からの見積もりと提案について、内容と金額を総合的に検討します。

・金額は安ければよいというものではありません。質の高い適切な工事を誠意を持って実施できるかどうか、また完了後の瑕疵補修の扱いも重要な選定基準となります。

・このようなことから、極端に安い会社と極端に高い会社を除き、残りの会社の中から、担当者と再度面接を行うなどして一番信頼できる会社を選定するのも一つの方法です。

⑥ 大規模修繕を計画しているが、資金が不足している

不足分への対処の方法には、区分所有者から一時金を徴収する、融資を受ける、一時金の徴収と借り入れを併用する、の三通りが考えられます。具体的な方法については修繕工事の具体的な内容とともにその資金計画を立て、各区分所有者の負担額がいくらになるのか等を明らかにした上で、区分所有者の合意に基づき総会を開催し決定することになります。

なお融資を受ける場合、住宅金融公庫、東京都および一部の区市では一定の条件を満たせば法人化していない管理組合でも利用することができます。

【解説】

◆修繕積立金の範囲内で大規模修繕工事の費用を賄えない場合、その不足分を調達する方法には次の三つの方法が考えられます。

ア　管理規約の定めに基づく割合で、組合員から一時金の形で徴収する（規約に定めがない場合は、各区分所有者の専有面積の割合で徴収する）＝個々の所有者の経済状況に差があることや、徴収事務に手間がかかること、また遅延の発生が危惧されることなどに注意が必要です。一般に一時金の徴収はその額にもよりますが、合意が得にくい

【解説】

場合が多いと考えられ、合意の得られる範囲の無理のない額に抑え、借り入れによる方法との併用を検討することが考えられます。

イ　住宅金融公庫（マンション共用部分リフォームローン）、東京都のマンション改良工事助成制度もしくは民間金融機関等から借り入れる＝管理組合が不足分を一括して借り入れ、工事完了後は修繕積立金の増額により返済していくことになります。このためあとで大きな負担とならないよう十分検討する必要があります。

ウ　アとイを併用する。

◆区分所有者の資力は個々バラバラであることが普通です。このため各区分所有者の負担額と、借り入れる場合は借入額とその返済方法についていくつかのパターンを設定し具体的に示し、合意形成を図り総会の決議を得ることが必要です。

◆なお、選択肢の一つとして工事を先送りし修繕積立金の累積額が増えるのを待ち、併せて修繕積立金の額を引き上げることも考えられますが、その結果劣化が進行し工事費用が多額となることが危惧されます。このため、この方法は劣化診断に基づく専門家のアドバイスを受け、慎重に検討する必要があります。

◆また、工事内容を絞り込み工事費用の低減を図ることも考えられますが、緊急に修繕工事を実施すべき場合等、特別な事情のある場合に限定するとともに、省いた工事内容についての具体的な実施方法を十分に検討することが必要です。

◆借り入れる場合は、住宅金融公庫および公庫融資に対する上乗せ助成を行う東京都の制度を利用する場合については、法人化していない管理組合であっても(財)マンション管理センターの債務保証を受ければ利用できます。民間金融機関については個々の金融機関で利用条件等が異なるので直接問い合わせる必要があります。なお申込名義を管理組合とし、借り入れ後に修繕積立金（それまでよりは返済額分の増額を行うことが望ましい）の中から返済していくことが一般的です。

⑦ 大規模修繕工事の実施に向けて検討を始めようとしているのだが、どのようなことに注意したらよいのか

大規模修繕工事は業者に委託して行いますが、主体はあくまで管理組合です。的確な準備を進め、総意のもとに修繕工事を実施するために管理組合がリーダーシップをとり、わかりやすい情報提供を行いながら常に民主的かつ公平で公開された議論を積み重ねることが重要です。

また、大規模修繕工事の実施に際しては、その準備から工事の完了に至る各段階で総会の決議を得ていくことが必要となります。

◆大規模修繕工事は業者に委託して行いますが、主体はあくまで管理組合です。

◆的確に準備を進め総意のもとに修繕工事を実施するために、管理組合は次のことを基本に対応していくことが重要となります。

【解説】

ア　民主的かつ公平で公開された議論

・大規模修繕工事には所有者は相当な額の費用を支払うことになり、また、居住者の生活に大きな影響を与えることになります。このため、工事を実施するためには所有者の合意とともに賃借人等

【解説】

の居住者の協力も必要になります。

・さまざまな考え方を持つ多くの所有者の合意を導き、また居住者の協力を得るためには、常に民主的かつ公平で公開された議論を積み重ねることが重要です。

・特に、費用負担の問題は合意の形成過程において大きな議論の対象になりやすいと考えられます。大規模修繕工事のための費用は修繕積立金で賄うことが望まれますが、もし不足する場合は客観的でていねいな説明とともに、アンケートを行うなど各所有者にとって無理のない費用負担に留意し、合意の形成を図ることが求められます。

イ　わかりやすい情報提供

・大規模修繕工事の実施にかかわる事項は、所有者にとって通常なじみのないことばかりと考えられます。このため、工事の必要性や具体的な工事の内容、費用負担の内容、また工事の実施にかかわる生活への影響とその対応方法などについて常にわかりやすくしっかりとした裏付けのある資料を作成し、提示することが必要となります。また、ニュースを定期的に発行したり、適宜アンケートを行うなどの工夫も重要です。

ウ　総会等の的確な実施

・大規模修繕工事の完了までには、実施に向けての準備に始まり、具体的な計画内容の検討と決定、業者の選定と契約、工事の実施、そして完了までさまざまな段階を経ることになります。このような大規模修繕工事の各段階において総会の決議により所有者の合意を得ながら進めていくことが必要になります。

エ　理事会のリーダーシップ

・以上で示した対応の中心的役割を担うのは理事会です。

・理事会は、所有者の意向を集約しながら大規模修繕工事にかかわるさまざまな検討を行い、その結果を分かりやすくまとめ、総会に提出して所有者の合意を形成する役割を担います。

・具体的な工事内容などの専門的な事項に関する

検討は外部の専門家等に委託しますが、総会に諮る案の検討・作成は理事会が行うことになります。

【解説】

・このように、大規模修繕工事の実施にあたっては、所有者を先導し取りまとめていく理事会のリーダーシップが欠かせません。

関連項目
Ⅳ２③大規模修繕をどのようにして実施したらよいか
Ⅳ２⑧大規模修繕工事の実施にあたり、居住者への影響が心配なのだが

⑧ 大規模修繕工事の実施にあたり、居住者への影響が心配なのだが

管理組合として、準備段階から想定される問題点等について居住者に説明しておくとともに、工事の実施前に説明会を開催するなど十分な情報提供に配慮する必要があります。

【解説】

◆工事の実施にあたりまず認識すべきことは、日常生活の場がそのまま工事現場となることです。工事内容にもよりますが、通常工事には3～4カ月程度かかります。この間に具体的にどのような影響が及ぶのか、それへの対応をどうするのかなどについて居住者に示し、理解と協力をお願いする必要があります。

◆このため管理組合として、工事中に想定される問題点等について準備段階から居住者に説明しておくとともに、請負会社との役割分担のもとに工事の実施前に説明会を開催するなど、十分な情報提供に配慮する必要があります。

◆また、工事の実施中に起こるさまざまな問題や居住者の苦情や意見に対応できる窓口を設置するほか、工事の進捗状況などについての広報活動もきめ細かく行う必要もあります。

◆なお、想定される主な問題点は次頁の表に示すとおりであり、具体的な対応策を請負会社とともに十分検討し、居住者の理解を得ておく必要があります。

【工事中に想定される主な問題点】

主な問題点	内　　　容
日照および通風・換気の阻害	建物の周囲に足場が架けられネットで覆われる場合があります。この場合、日当たりや通風が悪くなります。
臭気、ゴミ、ほこりの発生	塗料等の臭いや、ゴミ、ほこり等が発生することがあります。
振動、騒音の発生	工事に伴い振動や騒音が発生することがあります。
バルコニー、専用庭の使用	バルコニーや専用庭に置いてある植木鉢やエアコンの室外機の移動が必要な場合があります。
洗濯、物干し場の確保	バルコニーに洗濯機が置いてある場合は移動が必要になったり、日照が阻害されバルコニーが物干し場として利用できなくなり、別個に洗濯・物干し場を確保しなければならない場合があります。
共用部分の使用の制限	工事に伴い廊下の幅が狭くなったり、階段が通行できなくなることがあります。
工事車両の駐車場、資材置き場の確保	工事車両の駐車場や資材置き場を確保する必要があります。マンションの敷地内の駐車場を提供したり、敷地外に借りることが必要な場合があります。
防犯対策、安全対策	マンションが工事現場となりますので、安全対策が重要となります。また、外壁に沿って足場が架けられると、足場を伝って外部の者の進入が可能となるなど、防犯対策も必要です。
停電や断水の発生	一時的な停電や断水が必要な場合があります。
専有部分への立ち入り	住戸内に立ち入って工事を行う場合があります。また、その際に、居住者の一時的な避難場所の確保が必要なこともあります。

⑨ 専門委員会を設置したいのだが

専門委員会のメンバーは、所有者の中から関心のある方や、建築、金融、法務など関係する専門的知識を持っている方の参加を募り組織することが考えられます。

なお、専門委員会の設置にあたっては理事会の諮問を受けた検討機関としての位置づけを明確にしておくことが特に重要です。

◆大規模修繕工事の実施には専門的な知識が求められる数多くの検討事項があり、また施工会社や設計事務所など関係する請負会社も多くなるので、理事会のみでこのような大規模修繕工事の実施を担うのは大きな負担になります。

◆このため、理事会とは別に専門委員会（大規模修繕準備委員会、実行委員会と呼ぶ場合もある）を作って対応することが望まれます。

【解説】

◆専門委員会の設置にあたっては、通常総会の決議が必要となりますが、理事会の諮問を受けた検討機関としての専門委員会の位置づけを細則等で明確にしておくことが特に重要です。すなわち、専門委員会は理事会の諮問を受け理事会との緊密な連携のもとに修繕工事の内容や資金計画、工事を依頼する業者の検討を行い、さらに工事の着手から竣工までの施工状況確認や検査等を行う機関です。そして、専門委員会での検討案は理事会の承認のもとに総会に諮り区分所有者の合意を得ることになります。

◆専門委員会のメンバーは、区分所有者の中から関心のある者や、建築、金融、法務など関係する専門的知識を持っている者の参加を募り組織することが考えられます。また工事の完了までには長期間かかり、継続性が求められるので、専門委員会のメンバーはできれば固定した方が望ましいでしょう。

◆なお、「管理アドバイザー制度」を活用するなど、専門委員会を支援する公正な第三者として、外部の専門家等からアドバイスを受けながら検討を進めることも有効と考えられます。

【解説】

■大規模修繕のための組織の概念図

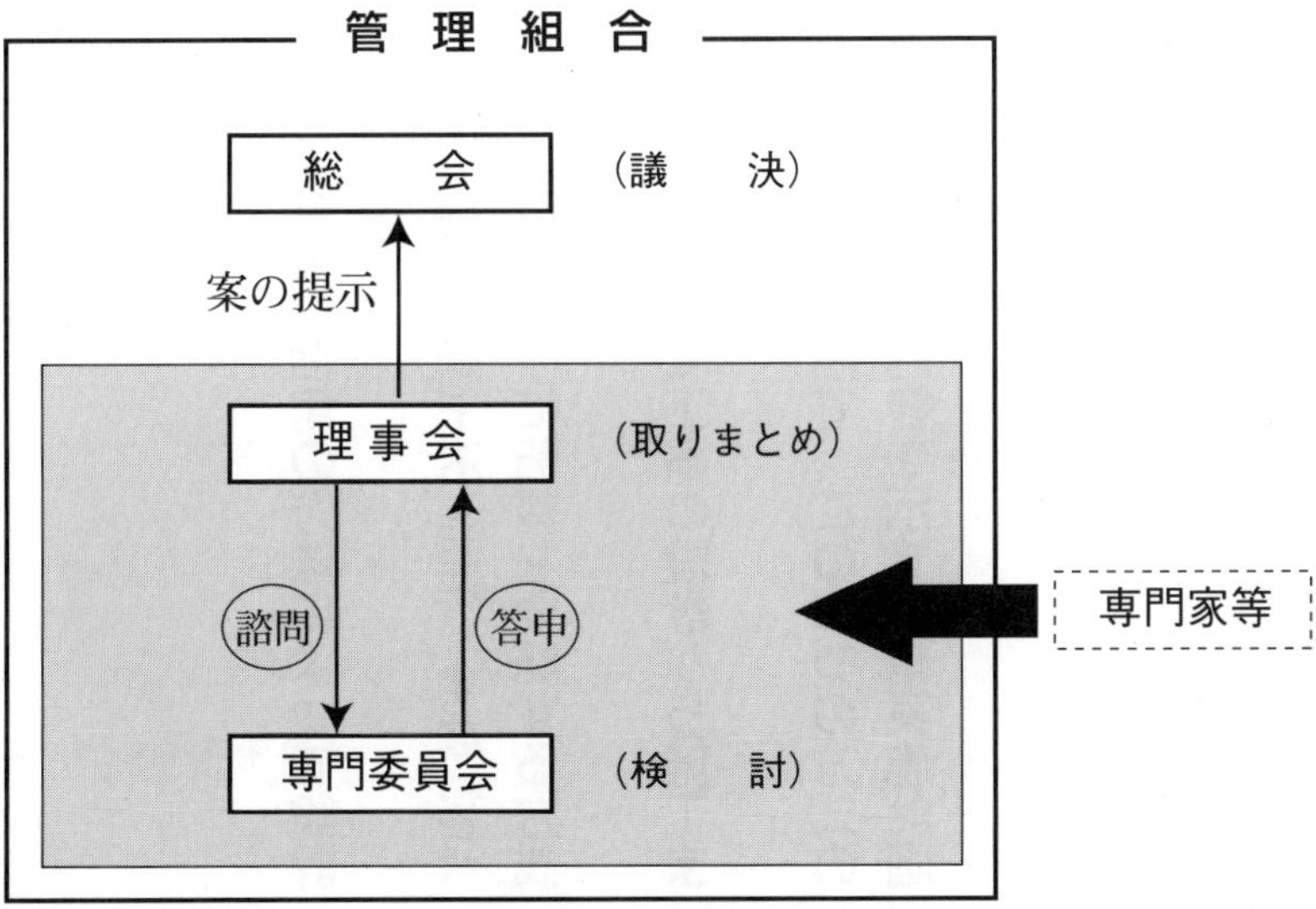

関連項目 Ⅳ 2 ③大規模修繕をどのようにして実施したらよいか

⑩ 設計監理方式と責任施工方式とは

具体的な修繕工事の実施の方法には、業者の活用の方法によって設計監理方式と責任施工方式の二つがあります。

設計監理方式とは、修繕工事の仕様の検討と施工の監理、すなわち、施工会社が設計図書のとおりに施工を行うように監督を委託する方式です。

責任施工方式とは、管理組合が主体性を持って工事の設計から施工までの全般を一括して契約する方式です。

大規模修繕工事の具体的な内容を検討する段階で、この二つの方式のいずれを採用するかを決定し、具体的な工事内容を示す修繕実施計画を策定することになります。

◆具体的な修繕工事の実施の方法には、業者の活用の方法によって、以下に示す設計監理方式と責任施工方式の二つがあります。

【解説】

◆設計監理方式

ア　設計監理方式とは

修繕工事の仕様の検討と施工の監理、すなわち施工会社が契約のとおりに施工を行っているかどうかの監督を委託する方式。施工を行う業者を別に委託する形にするとともに、施工業者の選定についてのアドバイスを含め専門的知識や経験が求められる一連の検討事項を委託することになります。

イ　委託先の考え方

委託先としては一般には設計事務所があげられますが、それまでの信頼関係を背景に管理会社に委託する場合も考えられます。どのような委託先を選択するにしても、管理組合を公正な立場から支援するパートナーとして信頼できる業者を選ぶことが最も重要です。

ウ　特徴、注意点

この方式は工事内容が多岐にわたり工事の規模が大きい場合に適していると考えられますが、一番のメリットはいわばコンサルタントとして管理組合の立場に立つ第三者の支援を得られる点にあると考えられます。ただし、工事と異なり具体的な仕事の中身が形として見えにくいため、委託する仕事の範囲や内容について双方とも十分協議し納得しておくことが必要です。

なお、設計監理方式を採用すると工事費用には設計費用や監理費用が含まれません。

◆責任施工方式

ア　責任施工方式とは

管理組合が主体性を持って、工事の設計から施工までの全般を一括して契約する方式。

イ　契約先の考え方

契約先としては一般には施工会社が考えられますが、大規模修繕工事にかかわる業務を一括して契約することから、十分な実績と経験を持ち、また管理組合の立場にたった対応を行う業者を慎重に選定することが必要になります。どのような業者と契約する場合でもあくまで工事を実施する主体は管理組合であり、工事の内容や費用等、工事の全般にわたって十分な説明を受け、管理組合が主体的に取り組む姿勢が必要です。

ウ　特徴、注意点

劣化診断の結果を活用し、事前に工事数量や施工方法等の統一の基準となる仕様書を作成し、この仕様書をもとに複数の業者に見積もりや工事内容についての提案を募り、その中から契約する業者を決定することが重要です。もし統一の仕様書がないままに依頼すると、個々の業者が別々の基準で見積もりを作成するため、どの業者が適当であるかの判断は非常に困難になります。

なお、責任施工方式では、通常工事費用に設計費用や監理費用が含まれます。

◆大規模修繕工事の具体的な内容を検討する段階で、この二つの方式のいずれを採用するかを決定し、具体的な工事内容を示す修繕実施計画を策定することになり、以上で示した各方式の特徴を十分踏まえた上で決定することが重要です。

関連項目

Ⅳ 2 ③大規模修繕をどのようにして実施したらよいか
Ⅳ 2 ⑤修繕工事会社の選定について

①劣化診断（建物診断）の目的と内容は

劣化診断（建物診断）には、長期修繕計画を作成するために行うもの、大規模修繕工事等の実施およびそのための仕様書作成のために行うものの二つの目的で行うことが考えられます。

実施にあたってはどのような目的で行うかを明らかにすることが必要です。また、瑕疵を確認するために建物診断を行う場合もあります。

【解説】

◆劣化診断（建物診断）は以下に示すとおり、大規模修繕工事の準備段階において、工事内容と時期を確定するために行うものと、長期修繕計画の作成および見直しのために行うものがあります。

ア　大規模修繕工事の準備段階で行う劣化診断
　＝工事内容と時期を確定するために行う

・長期修繕計画はあくまで大規模修繕工事の内容や実施時期についての目安です。個々のマンションによって劣化の状況が異なるため、実施時期が近づき具体的な計画の内容を検討する際に、実際にどの程度の劣化が進んでいるかを総合的に調査し、その結果に基づいて実施の時期や工事の内容について判断を行うことになります。

・内容については、測定器具（中性化、強度、塗膜等）を用いるなど、長期修繕計画の定期的な見直しのために行う劣化診断よりもより詳細な調査を行います。また診断の結果をまとめるだけでなく、必要と考えられる修繕工事の仕様と工事費用の概算金額等の基礎データについても検討します。

イ　長期修繕計画の作成および見直しのために行う劣化診断

・長期修繕計画を新たに作成する場合や、すでに作成されたものの定期的な見直しの際にも劣化診断が必要となります。

・通常の定期的な見直しには、専門家が肉眼で見たり、道具で叩くことなど簡単な方法で診断しますが、建てられてから相当年数経過してから新たに作成する場合や初めて見直す場合については先に示した大規模修繕工事の際に行う劣化診断と同様の内容が必要となります。

【解説】

◆また、以上の二つの目的で行う場合に加え、瑕疵の疑いがある場合これを確認するために行う場合もあります。

◆劣化診断（建物診断）は、目的に応じて診断の内容も費用も異なることになるため、実施にあたっては目的を明確にしたうえで行うことが重要です。

◆なお、劣化診断（建物診断）の内容について、次頁以下に例示（（社）高層住宅管理業協会のマンション保全診断センターの例）します。

【建物関係の診断内容と実施要領】

	診断対象部位	診断対象内容	診断方法	作成する報告書類と内容
壁面関係	1　外壁 2　共用内壁・天井 3　付属建物壁面 4　その他共用壁面	1　下地材（コンクリート等）のひび割れ、鉄筋露出、欠損、浮き、白華現象 2　仕上材の汚れ、はがれ、ひび割れ、浮き、白亜化 —などの状況の把握。	1　問診（アンケート） 2　目視 3　打診（タイル壁面は原則的にゴンドラ等を使用） 4　触診 5　塗膜付着力試験 6　下地材の中性化試験	1　調査診断報告書 現地調査で得られた各種データを分析し、調査診断対象のマンション等の現況を総合的に把握し、所見を述べたもの。調査に伴う写真も豊富に収録。 2　修繕標準仕様書案 調査に基づく状況から判断して有効な修繕仕様を一種類提案したもの。 3　工事概算金額書 上記仕様で工事をする場合の費用を工事項目ごとに算出したもの。図面からの面積計算書も作成。 —以上について各1部提出。
鉄部関係	1　手摺り 2　各種扉 3　鉄製階段 4　各種鉄製配管 5　その他鉄製品	1　さび 2　欠損 3　光沢 —などの状況の把握。	1　問診（アンケート） 2　目視 3　触診	
防水関係	1　屋上等の屋根 2　バルコニー 3　外部廊下 4　各種目地材 5　その他	1　露出防水層のふくれ、ひび割れ、破断 2　押えコンクリート等のひび割れ、破断、浮き 3　目地材の割れ、固化 —などの状況の把握。	1　問診（アンケート） 2　目視 3　打診 4　触診 5　その他（状況により一部をサンプリング試験）	

〈診断手順〉
①貴管理組合理事長名の診断依頼書を受領→②調査診断スケジュールを提出→③全住戸対象に診断アンケートを実施（貴組合に配布依頼）→④アンケート内容を参考にベランダ立入り調査住戸（全戸数の10〜20%）を選定し書類配布→⑤スケジュールに沿って現地調査を実施（規模、内容により1〜5日間程度）→⑥建物図面を拝借し建物面積数量を積算→⑦各種データを集計・分析、報告書類作成→⑧報告書類一式を提出（請求書とも）。

【給水管の診断内容と実施要領】

1棟について原則として枝管3カ所、あるいは枝管2カ所・共用主管1カ所の配管の劣化調査と、2あるいは3住戸の水栓から採取した水の水質検査から診断を行います。配管の劣化調査は状況によって抜管、超音波肉厚計あるいは内視鏡のどれかの方法を選択し実施します。水質検査はｐＨ、残留塩素、色度および濁度を測定します。

一般的にマンションの給水システムは高置水槽方式またはポンプ圧送方式が採用され、配管の種類としては亜鉛メッキ鋼管（ＳＧＰ）あるいは塩ビライニング鋼管（ＶＬＰ）の使用が多く見受けられます。これらの診断内容と実施要領の原則は次のとおりです。調査診断に基づいて作成する資料は現況をまとめた「調査診断報告書」のみで、仕様書案、金額書は作成しません。

調査箇所および断水状況	高置水槽方式				ポンプ圧送方式			
	ＳＧＰ		ＶＬＰ		ＳＧＰ		ＶＬＰ	
	原則的な方法	左の方法が困難な場合	原則的な方法	左の方法が困難な場合	原則的な方法	左の方法が困難な場合	原則的な方法	左の方法が困難な場合
〈枝管〉対象住戸のみ1戸約1時間断水（水の採取も実施）	メーターボックスの直管部抜管	給水栓取付部から内視鏡挿入	メーターボックスの曲がり部抜管	給水栓取付部から内視鏡挿入	メーターボックスの曲がり部抜管	給水栓取付部から内視鏡挿入	メーターボックスの曲がり部抜管	給水栓取付部から内視鏡挿入
〈共用管〉全戸同時に約2時間断水	屋上共用管の管径が80Φ以下の場合…直管部抜管	80Φ以上または左の方法が困難な場合…超音波肉厚計で残肉厚測定、または枝管調査に替える	屋上共用管の管径が80Φ以下の場合…曲がり部抜管	80Φ以上または左の方法が困難な場合…高置水槽内から内視鏡挿入、または枝管調査に替える	1階床下の横引管を超音波肉厚計で残肉厚測定	最下階立管を超音波肉厚計で残肉厚測定または枝管調査に替える	最上階立管のエア抜部から内視鏡挿入	枝管調査に替える

注…ａ、保温ラッキングの補修は仮補修までとする。ｂ、残肉厚測定の管軸方向の測定輪切り数は3周とする。

② 劣化診断（建物診断）はいつ行えばよいのか

劣化診断は、長期修繕計画策定時や見直しのとき（5年程度を目安に行うとよいといわれる）、大規模修繕の具体的内容を検討するときなどに行います。また瑕疵かどうかの判断をするために建物診断をすることもあります。

【解説】

◆ある程度の年月が経過した建物の適切な長期修繕計画をつくるには、当該マンションの詳細な調査や老朽箇所のチェックのために劣化診断を行う必要があります。

◆また、大規模修繕でどんな修繕工事が必要なのかを判断するためには、建物の現在の劣化状況を把握しなければならないので、まず最初に劣化診断を行うのが普通です。なお実際の工事の実施までにはさまざまな手続きが必要なため、劣化診断は修繕予定時期の1～2年程度前から始めることが望まれます。

◆長期修繕計画と大規模修繕のための仕様書づくりを併せて実施したり、修繕箇所のみの劣化診断を行うなど、柔軟に目的に応じて調査をすることが可能です。

関連項目
Ⅳ 4 ①長期修繕計画とは
Ⅳ 4 ④長期修繕計画の見直しは必要か

③ 劣化診断（建物診断）はどこに頼んだらよいか

劣化診断（建物診断）の結果は大規模修繕工事の実施に結びつきます。また、万一診断の過程で建物や設備に瑕疵が発見された場合は、これを明らかにすることも求められます。したがって、工事請負業者、販売会社に関係のない信頼できる設計事務所等や関連団体に依頼することが望ましいと考えられます。

関係法令 標準管理規約第31条関係コメント

◆大規模修繕工事には相当な費用が必要となり、各区分所有者の負担額も大きなものとなりまする。また、大規模修繕工事は各区分所有者の住まいとしての機能と大切な資産としての価値を維持するための非常に重要な工事です。

◆したがって、大規模修繕工事の内容を左右する劣化診断は、関連団体や信頼できる設計事務所などに依頼することが非常に重要です。

【解説】

◆なお工事の実施と関係のある業者に依頼すると、工事を請け負いたいために劣化診断の内容に客観性を欠く恐れがあることや、分譲会社に関係のある業者に依頼すると、瑕疵の事実があってもこれを見逃すことが心配されるため、このようなことがないように劣化診断の依頼先の選定は慎重に行うことが必要です。

関係法令　標準管理規約第31条（業務）、標準管理規約第46条（議決事項）、標準管理規約第31条関係コメント

① 長期修繕計画とは

建物の基本性能を維持するために、おおむね向こう20～30年程度の間に、いつごろどんな修繕を行っていけばよいか、またその実施のためにはどの程度の費用が必要となるかを定めた計画です。

大規模修繕を円滑に行い区分所有者に計画修繕の必要性を認識してもらうために、長期修繕計画は欠かせないものとなっています。

修繕積立金の額は、この長期修繕計画に基づき修繕費用が不足する事態が起こらないように定めるのが望ましいと思われます。

【解説】

◆長期修繕計画は、向こう20～30年程度の期間に一定の周期で計画的に行われる大規模な修繕を対象として、建物の各部位の修繕周期を目安にその修繕時期や修繕内容の計画、修繕にかかわる費用の算定をするものです。なおこの長期修繕計画には管理費で賄う日常の保守・点検や小修繕などは含まれていない場合が多くなっています。

◆この長期修繕計画をもとにして計画的に建物のメンテナンスを行っていけば、マンションの性能を一定の水準に保ち、建物の寿命を延ばしていくことが可能です。

◆平成9年の標準管理規約の改定により長期修繕計画の策定が管理組合の業務として位置づけられましたが、いまだに長期修繕計画が定められていないマンションが多数存在しています。

関連項目
Ⅳ2①なぜ大規模修繕が必要か
Ⅲ2①修繕積立金とは

②長期修繕計画で定めるべき内容は

外壁補修、屋上防水、給排水管取替え等を対象として、それぞれについて必要な修繕周期と工事金額を定めることが必要です。

【解説】

◆長期修繕計画で定めるべき内容は次の通りと考えられます。

ア　計画期間

・一般に20～25年、場合によっては30年程度で設定します。なお、最長の修繕周期を持つ工事項目が含まれる期間を設定することが望ましいと考えられます。

イ　工事項目

・建物・設備等の修繕の対象となる部分・箇所を検討し定めます。一般に、外壁の補修や塗装、屋上の防水、鉄部の塗装等の建築工事、給排水管の取り替えや電気設備の補修等の設備工事、駐車場や駐輪場の補修等の外構工事に分類されます。

ウ　修繕の仕様、工法

・建物・設備の仕上げや施工方法、また劣化の状況に応じた修繕の方法を選択し定めます。

エ　修繕周期

・各工事項目について何年ごとに修繕を行うかを定めます。おおむね同じ時期に実施することになる工事項目についてはまとめて実施するよう修繕時期を調整し、設定することが基本です。

オ　概算工事費

・工事項目ごとに概算の工事費を示します。長期修繕計画で示す工事費はあくまで概算ですが、工事費用の経済的な変動を考慮し適宜修正していくことが必要です。

カ　修繕積立金の額

・計画期間内に必要となる修繕費用の総額を算出し、各所有者が負担する額とそのために月々支払うべき修繕積立金の額を示します。

【解説】

◆また、長期修繕計画の内容については定期的な（おおむね3～5年程度ごとに）見直しをすることが必要です。

◆なお、長期修繕計画の作成または変更および修繕工事の実施の前提として、劣化診断（建物診断）を併せて行う必要があります。

◆長期修繕計画の概要を次頁に例示します。通常、建物、設備のどの部分を「いつ」修繕するのか、その実施には「費用がいくらかかるか」を表形式で示すとともに、修繕の仕様・工法と修繕積立金の額を示します（個々の分譲マンションで体裁は異なります）。

修繕の対象となる部分・箇所です。

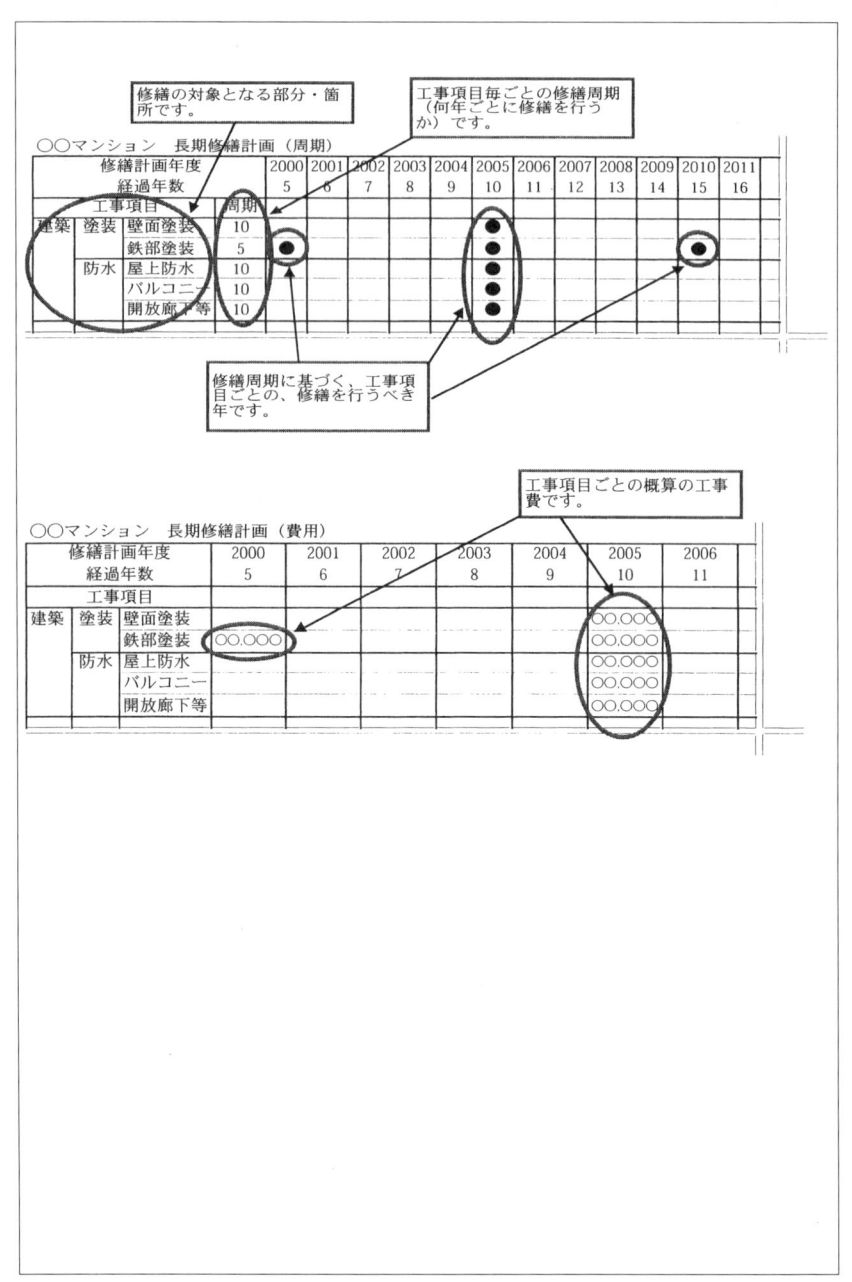

工事項目毎ごとの修繕周期（何年ごとに修繕を行うか）です。

○○マンション　長期修繕計画（周期）

修繕計画年度				2000	2001	2002	2003	2004	2005	2006	2007	2008	2009	2010	2011
経過年数				5	6	7	8	9	10	11	12	13	14	15	16
工事項目			周期												
建築	塗装	壁面塗装	10						●						
		鉄部塗装	5	●					●					●	
	防水	屋上防水	10						●						
		バルコニー	10						●						
		開放廊下等	10						●						

修繕周期に基づく、工事項目ごとの、修繕を行うべき年です。

工事項目ごとの概算の工事費です。

○○マンション　長期修繕計画（費用）

修繕計画年度			2000	2001	2002	2003	2004	2005	2006
経過年数			5	6	7	8	9	10	11
工事項目									
建築	塗装	壁面塗装						○○,○○○	
		鉄部塗装	○○,○○○					○○,○○○	
	防水	屋上防水						○○,○○○	
		バルコニー						○○,○○○	
		開放廊下等						○○,○○○	

関連項目　Ⅲ 2 ④修繕積立金の適正な額は

③ 長期修繕計画はだれがつくるのか

長期修繕計画は管理組合の責任でつくらなくてはなりませんが、関連団体や関係する公益団体、設計事務所などに策定の依頼をすることができます。
専門的な知識が必要なので管理組合だけで長期修繕計画を作ることは難しいと思われますが、依頼先に任せきりにするのではなく、管理組合が主体的にかかわり管理組合の意向を盛り込んだ計画にしていく必要があります。

【解説】

◆個々の分譲マンションに適した長期修繕計画を作成するためには多大な労力と専門的な知識が必要になり、作成実務を外部に委託する場合が多くなります。
◆しかし、計画修繕の根幹となる長期修繕計画は標準管理規約において長期修繕計画の策定を管理組合の業務として位置づけられているように、管理組合が主体性を持って内容を吟味することが必要であり、作成の主体はあくまで管理組合です。そのために、専門的知識を持つ所有者の参加を募るなどして長期修繕計画を作成するための専門委員会を設置することも必要と考えられます。
◆なお、長期修繕計画の作成方法は、以下に示す「モデル比準法」と、「積算法」に大別されます。

ア　モデル比準法

・標準的な分譲マンションを設定して定めた長期修繕計画を基本に、個々のマンションの規模や形態、仕様等により補正することによって作成する方法です。大規模修繕工事を実施すべき時期や工事費用と修繕積立金の目安を確認したい場合に適しています。

イ　積算法

・個々のマンションの建物・設備の内容と状況に応じて工事項目を設定し、工事項目ごとに工事にかかわる数量に工事費用の単価を乗じ、これを積み上げて工事費用を見積もる方法です。

◆以上のどちらの方法によるかは、マンションが建てられてからどれくらいたつのか、初めてつくるのか、すでにあるものを見直すのか、また近い将来大規模修繕工事を実施する予定があるのか等によって異なります。通常は「積算法」によることが必要であり、特に大規模修繕工事を控えている場合は、劣化診断を行った上で「積算法」によ

【解説】

る、より精度の高い長期修繕計画の立案と修繕積立金の設定を行っておくことが望まれます。

◆長期修繕計画の策定の依頼先については、各機関で若干の性格の違いがあるため、組合の意向に応じて選択することが可能です。

◆(財)マンション管理センターでは、先に示したモデル比準法により、劣化診断を行わずにコンピュータで長期修繕計画を作成する簡便な方法を開発しており、費用も棟当たり2万円程度です。この長期修繕計画は、まだ経過年数が浅く、長期修繕計画を持たないマンションで、修繕積立金の根拠として活用する場合や修繕積立金の改定をする場合の資料として多く使われています。

◆築年が経過したマンションや、数年のうちに大規模修繕が必要となるマンションについては、劣化診断をした上で「積算法」により診断内容に基づいた長期修繕計画を立てることが望まれます。

◆「積算法」による劣化診断を伴う長期修繕計画の策定は、設計事務所や関連団体などで行ってい

ます。策定の費用は、一戸当たりでおよそ1～1万5千円程度ですが、劣化診断の方法、内容（建築、設備、瑕疵問題等への対応等）や建物の形状（箱型、雁行型等）など、個別具体の条件によって大きく異なります。

【解説】

④ 長期修繕計画の見直しは必要か

適切な大規模修繕工事を実施するために、またそのための正しい資金計画を立てるためにもおおむね3～5年ごとに見直しすることが必要です。

【解説】

◆建物や設備の劣化は日々進行しており、建物の劣化の状況は個々の建物で固有のものです。長期修繕計画で示される工事実施時期は一応の目安であり、大規模修繕工事の内容も建物の劣化の状況に応じて繰り上げて工事を実施したり、場合によっては先送りすることもあり得ます。また、物価は常に変化し工事費用も変化します。このため、適切な修繕工事の内容を把握するとともにより正確な費用を見積もるために、また修繕積立金の額が不足している場合にこれを見直すきっかけともなることから、長期修繕計画の内容については定期的な（おおむね3～5年程度ごとに）見直しをすることが必要です。

◆マンションが建てられてから間もない時期に行う第1回目の見直しなど、大規模修繕工事の実施がまだ先の時期における見直しでは、工事単価を中心とした見直しでも差し支えないと考えられますが、大規模修繕工事の実施時期をひかえた時期に行う見直しでは、劣化診断を行い、具体的な劣化の状況に応じた工事項目と修繕の内容および時期を設定するなど、より精度の高い見直しを行い、大規模修繕工事の実施計画の作成に結びつけていくことが望まれます。

◆なお、見直しのポイントとしては以下があげられます。

ア　修繕計画の対象となる項目に落ちがないか。

【解説】

イ　修繕履歴を確認するとともに劣化診断を行い、建物・設備の傷み具合に応じて、修繕の周期と修繕方法を見直す。

ウ　単価の変化等、経済的な変動を考慮して年度別の支出計画、積立金徴収計画を見直す。

エ　居住者の高齢化に対応したスロープの設置等、建物・設備の改良（グレードアップ）について修繕計画に盛り込むことを検討する。

⑤長期修繕計画がないのだが（長期修繕計画はいつつくればよいのか）

長期修繕計画はマンションが建てられた当初から用意されているべきものです。もしないのであれば早急に作成して下さい。

【解説】

◆長期修繕計画はマンションが建てられた当初から用意されているべきものです。長期修繕計画がないと適切な修繕工事の時期が判断できないばかりか、適切な修繕積立金の設定が困難なため工事に必要な資金が確保できない事態が発生すると考えられ、もしないのであればできるだけ早いうちに作成しなくてはなりません。

◆ただし、大規模な修繕工事の時期（通常、築後10～15年）にありながら長期修繕計画がない場合は、長期修繕計画を作成してから工事を実施すると作成や工事の準備のために工事の実施が3～4年先になり、適切な修繕工事の時期を逃してしまうおそれがあります。このため当面は必要な工事の実施に向けての準備に着手し、長期修繕計画の作成は工事の実施後（もしくは工事の実施と併せて）検討すればよいと考えられます。

関係法令 標準管理規約第31条（業務）、標準管理規約第31条関係コメント

関連項目 Ⅳ４③長期修繕計画はだれがつくるのか

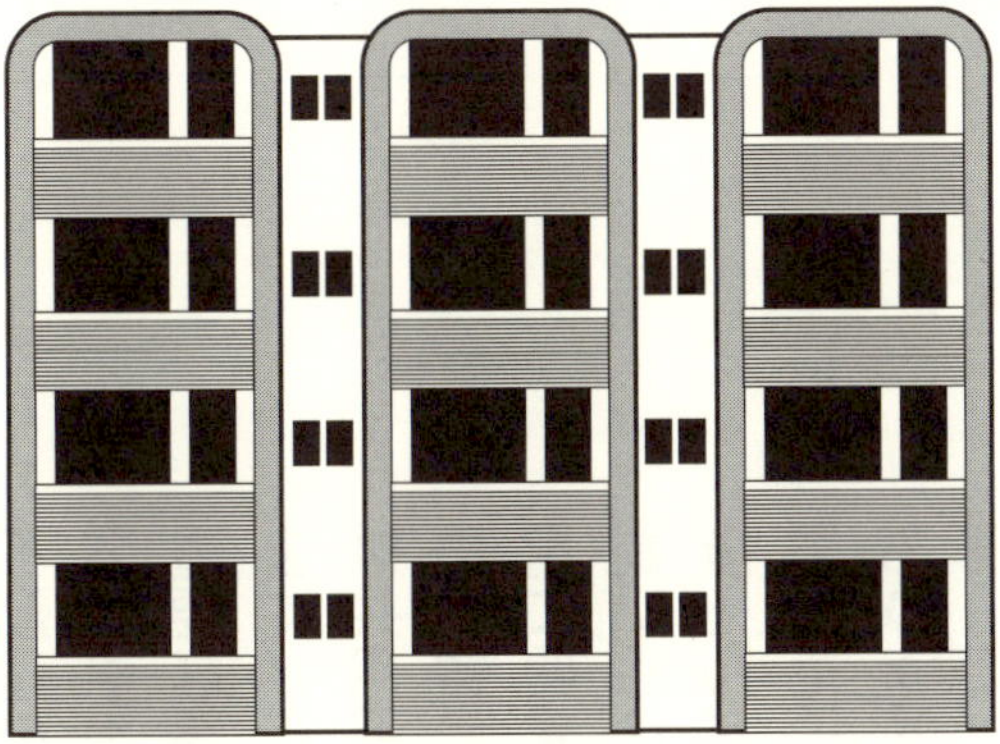

V

購入にかかわるトラブルとその対応

1 売買にかかわる紛争
2 瑕疵担保責任に関する紛争

① 重要事項説明とは

不動産の売買において、分譲業者（仲介業者）は買い主に対し土地の権利や土地の利用にかかわる法律上の制限など、その物件にかかわる重要な事項について契約前に書面で説明することが義務づけられています。これを重要事項説明と呼んでいます。特にマンションについては共用部分に関する管理規約の定めや、専有部分についての利用制限の内容、また修繕積立金や管理費の額などマンションの管理および使用に関する事項について説明することになっています。

買い主はその内容を承知した上で契約することになりますので、契約後そんな話は知らなかったでは済まされない重要な内容です。疑問に思ったことがあれば説明を求め、十分納得した上で契約をする必要があります。できれば事前に契約書と重要事項説明書を取り寄せ、よく読んでから説明を受けることが必要と考えられます。

◆宅地建物取引業者は、宅地建物取引業法第35条（重要事項の説明等）に基づき、建物等を売買する際には買い主に対してその建物等に関する権利の内容や、管理および使用に関する重要な事項に

関係法令　宅地建物取引業法第35条（重要事項の説明等）

ついて契約以前に書面を用い説明する義務があります。

◆これが重要事項説明であり、マンションに関して特に説明すべきとされている事項は宅地建物取引業法施行規則第16条の2に示されており、次の通りです。

ア　建物の敷地に関する権利の種類および内容
イ　規約共用部分の定め
ウ　専有部分の用途その他利用制限に関する規約の定め
エ　建物または敷地の専用使用権に関する規約の定め
オ　修繕積立金の内容およびすでに積み立てられた金額
カ　通常の管理費の金額
キ　管理委託業者の氏名および住所

◆買い主はこの内容を承認した上で契約したこととなるので、入居後に何らかのトラブルが発生した際に重要事項説明書の記載内容が問題解決の鍵

【解説】

となる場合もあり得ます。したがって内容を十分理解し納得した上で契約することが重要となり、事前に契約書と重要事項説明書を取り寄せ、よく読んでから説明を受けることが必要と考えられます。

◆なお、重要事項説明の内容のうち、イ規約共用部分の定め、ウ専用部分の用途その他利用制限に関する規約の定め、およびオ修繕積立金の内容およびすでに積み立てられた金額については、宅建業者において通常行うべきとされる調査を行っても不明であるときは除外してもよいとされていました。しかし、昭和63年11月の建設省（当時）の通達により、売り主、管理組合、管理会社に対する調査を行うこと、修繕積立金については規約に定めがある場合は必ず調査を行うとともに、滞納額がある場合はその額を告げること、管理費用についても管理会社に対する調査を行い、滞納額についても告知するよう指導されています。

② 不動産広告に示されている専有部分の面積と登記簿に記載されている面積が違うのだが

専有面積の算出方法には二つあります。一つは不動産広告で用いられている専有部分の境界となっている壁の中心部分の内側の面積である壁心面積と、もう一つは登記簿に記載されている壁の内側の面積である壁面面積（内法面積）です。

【解説】

◆通常、壁心面積は不動産広告および住宅金融公庫の融資に際して用いられます。一方、壁面面積（内法面積）は実際の居住空間の面積（専有部分内の間仕切りの壁は含む）であり、登記簿に記載され、固定資産税等の算出根拠となる面積であるとともに住宅の取得にかかわる税の優遇に際しての基準として用いられます。

関係法令 不動産登記法施行令第8条（建物の床面積）、建築基準法施行令第2条（面積、高さ等の算定方法）

①新築マンション購入後、建物、設備、内装などの不具合が発生したのだが

民法に基づく瑕疵担保責任を問うことができます。瑕疵担保責任とは売買などの契約の目的物に隠れた瑕疵が存在する場合売り主が負うべき責任のことで、購入者は契約解除や損害賠償（その一部としての補修を含む）を求めることができるものです。ただし売り主に瑕疵があったことを認めさせる必要があるため、建築士等の専門家を交え、分譲会社との交渉に臨む必要があります。

また不具合の程度によりますが、売買契約に基づくアフターサービスとして対応できないかどうか契約書および渡されたアフターサービス規準を調べ、分譲会社に申し出てみてください。

これらの場合、分譲会社に適切な対応を求めるために、不具合の発生箇所とその状況について写真やビデオを撮るなどして証拠を保存しておくことをお勧めします。

なお、「住宅の品質確保の促進等に関する法律」が平成12年4月に施行され、新築住宅の取得契約において「構造耐力上主要な部分及び雨

水の侵入を防止する部分」に対し、10年間の瑕疵担保責任が義務づけられることになりました。

【解説】

◆瑕疵担保責任とは、民法第５７０条に規定される売買の対象物に隠れた瑕疵（欠陥）が存在する場合に負わなければならない売り主の責任のことで、買い主は瑕疵があった場合に売り主に対して損害賠償の請求をすることができ、また買い主がその瑕疵のために契約目的を達することができない場合には、契約の解除ができると定められています。

◆そして宅地建物取引業法第40条で「宅建業者自らが売り主となる売買契約では、瑕疵担保責任の期間を2年以上」と定めているため、その最短の2年とする契約を結ぶことが多いです（平成12年4月より、「構造耐力上主要な部分及び雨水の侵入を防止する部分」について10年の瑕疵担保責任が義務づけられました）。

構造躯体の部分（構造耐力上主要な部分）

○住宅の基礎、基礎ぐい、壁、柱、小屋組、土台、斜材（筋かい、方づえ、火打材その他これらに類するもの）、床版、屋根版、横架材（はり、けたその他これらに類するもの）で、当該住宅の自重もしくは積載荷重、積雪、風圧、土圧もしくは水圧または地震その他の振動もしくは衝撃を支える部分

雨水の侵入を防止する部分

○住宅の屋根もしくは外壁またはこれらの開口部に設ける戸、わくその他の建具

○雨水を排除するために住宅に設ける排水管のうち、当該住宅の屋根もしくは外壁の内部または屋内にある部分

◆ただし、この責任追及は買い主が瑕疵を発見し

関係法令 住宅の品質確保の促進等に関する法律第88条（新築住宅の売主の瑕疵担保責任の特例）、民法第566条（用益的権利による制限がある場合の売主の担保責任）、民法第570条（売主の瑕疵担保責任）、宅地建物取引業法第40条（瑕疵担保責任についての特約の制限）

てから1年以内に行使しなければならないので、建具などの取り付けが悪いとか、壁に傷がある等、目で見て確認できる瑕疵については、引き渡しの時点で分譲会社にその場で指摘しなければなりません。

◆ところで、瑕疵担保責任による対応を求めるためには売り主が瑕疵を認めることが前提ですが、瑕疵であるかどうかの判断が困難な場合が多く、また売り主が瑕疵を認めなければ調停を経て最終的には裁判で争うことになります。

【解説】

◆このような瑕疵をめぐるトラブルを避け、買い主の安心感を与えるために設けられているのがアフターサービスで、これは売買契約に基づき物件の欠陥個所の補修を無償で行うものです。

◆なお、不具合の状況を写真に撮るなど証拠を残しておくことは、適切なアフターサービスの履行を図るためにも、また万一不具合の原因が瑕疵であり、その責任を追及する場合にも重要と考えられます。

関連項目
Ⅱ 1 ①専有部分と共用部分をどのように判断するのか
Ⅳ 3 ②劣化診断（建物診断）はいつ行えばよいのか

関係法令 民法第566条（用益的権利による制限がある場合の売主の担保責任）、民法第570条（売主の瑕疵担保責任）、宅地建物取引業法第40条（瑕疵担保責任についての特約の制限）、住宅の品質確保の促進等に関する法律第88条（新築住宅の売主の瑕疵担保責任の特例）

② 瑕疵担保責任を問える期間なのに、建物の不具合を直すように申し入れてもなかなか対応してくれない

各区分所有者が個別に交渉するよりも、管理組合を交渉の窓口とする方がよりよい結果が得られると考えられます。場合によっては売り主に内容証明郵便を送ったり、第三者の専門家を交えることも必要です。

【解説】

◆各区分所有者と分譲会社との個別の交渉では圧倒的に不利なため、居住者間で不具合の情報を共有し合うことが大切です。

◆そのため、管理組合が率先して不具合の点検を行い、アフターサービス期間や瑕疵担保責任を問える期間（瑕疵担保期間は「住宅の品質確保の促進等に関する法律」が施行された平成12年4月以前の契約では最短で2年間。施行後は「構造耐力上主要な部分及び雨水の侵入を防止する部分」については10年間となり、それ以外の部分はこれまでと同様に最短2年間です。）を有効に使って補修を済ませておくのが望まれます。

◆アフターサービスの窓口は通常分譲会社となっていますが、交渉が進まない場合は、相談機関に問い合わせるなど、さまざまな手段をとることも必要です。

③ 瑕疵担保責任とアフターサービスの違い

瑕疵担保責任は、民法に基づき瑕疵（欠陥）があった場合に負わなければならない売り主の責任のことで、買い主は契約解除や損害賠償（補修を含む）を求めることができるものです。一方アフターサービスとは、分譲会社が買い主に安心感を与えるために自主的に実施しているもので、売買契約の一部として買い主の使用責任や経年変化等の原因が著しく明らかな場合を除き、瑕疵の有無にかかわらず、一定期間無償で補修を行うものです。

また大きな特徴として、瑕疵担保責任は売り主が瑕疵を認めることが前提であり、瑕疵の認定が困難である場合があるのに対し、アフターサービスは契約の範囲内において迅速な対応が期待できることがあげられます。

なお、アフターサービスがあるからといって瑕疵担保責任を免れることにはならないので、何らかの不都合が生じた場合は両者のうち主張しやすく最も効果が期待できるものを状況に応じて選択すればよいでしょう。

【解説】

◆アフターサービスとは、売買契約に基づいて物件の欠陥個所の補修を無償で行うもので、売り主が営業政策または消費者サービスの観点から行うものです。

◆（社）日本高層住宅協会は昭和48年にアフターサービス規準を制定し、会員を通じてアフターサービスを行ってきましたが、平成12年3月にサービス期間の延伸を図るなどの改定を行い、また「住宅の品質確保の促進等に関する法律」に該当する部分のサービス期間を10年間にするなどの対応も行いました。ただしこの改定内容は平成12年4月以降に締結された工事請負契約から適用されるため、これ以前に工事請負契約済みのマンションでは新しい規準が適用されない場合もあり、売買契約の内容をよく確認する必要があります。

◆なお、「アフターサービス規準」は、業界団体が会員各社に求める最低水準として定めたものであり、また当然のことながら規準を定めた業界団体に加盟していなければ拘束されることはありません。

◆瑕疵担保責任との関係など、アフターサービス規準についての業界団体の統一見解の概略は、次のとおりです。

「瑕疵担保規定では、売り主が瑕疵であると認めない場合は、裁判で争う以外道はなく、欠陥に対する対応が迅速にとれない場合が多い。アフターサービスは、買い主の使用責任や経年変化等の場合を除き、売り主が自主的に補修を無償で行うものである。アフターサービスは補修のみに限定されるが、売り主は補修を行うことで瑕疵担保責任のすべてを免れるものではなく、買い主は損害賠償請求権と契約解除権を留保することになる。」

【アフターサービス規準】

部位・設備			現象	期間（年）	備考
屋上・屋根・ルーフバルコニー・雨水排水管（屋内）・外周壁・防水床・窓・玄関扉			雨漏り・漏水	10	（漏水）屋内への雨水の侵入
防水床（浴室）			漏水	10	
耐力壁（外周壁・戸境壁等） コンクリート床・コンクリート天井　基礎・柱・梁			亀裂・破損	10	構造耐力上影響のある場合に限る。
外廊下・外階段・バルコニー（床の部分）			亀裂・破損	10	構造耐力上影響のある場合に限る。 原則としてはね出し床の先端部や短辺方向（主筋に平行方向）の亀裂は除く。
非耐力壁・パラペット・立ち上がり壁（バルコニー・外廊下）・庇・化粧柱			亀裂・破損	2	毛細亀裂および構造上影響のないものは除く。
屋上・屋根・ルーフバルコニー			排水不良 塗装のはがれ	2 2	
ルーフドレイン・スリーブ・雨水排水管			変形・破損 排水不良・取付不良 塗装のはがれ	2 2 2	
外廊下・外階段・バルコニー			排水不良 塗装のはがれ	2 2	 踏面を除く。
外部手摺り 面格子			破損 塗装のはがれ	2 2	 〈破損〉取付不良・取付部分腐食
壁		外周壁 （外周壁の内側を含む）	はがれ・浮き・亀裂 塗装のはがれ	2 2	モルタル面、タイル面、石張、レンガ張、屋根瓦等のはがれ、浮き、亀裂
	内部間仕切	非耐力壁（コンクリート）	亀裂・破損	2	毛細亀裂および構造上、機能上影響のないものは除く。
		木造	変形・破損	2	〈変形〉そり。
		下地材	破損	2	
	内部壁仕上	モルタル塗り タイル張 ボード張	破損	2	毛細亀裂および構造上、機能上影響のないものは除く。
		クロス張・紙張 塗装吹付	破損	2	はがれ・浮き等。
床		外部床仕上 （玄関ホール・ピロティ等）	亀裂・破損	2	毛細亀裂および構造上、機能上影響のないものは除く。
		コンクリート床	排水不良	2	
	内部床仕上	下地材	変形・破損	2	〈変形〉そり、さがり。
		タイル張・石張	亀裂・破損	2	〈破損〉はがれ、割れ。
		板張・寄木張 Ｐタイル張 ジュータン敷 畳敷	破損	2	〈破損〉浮き、へこみ、はがれ。 ただし、畳表は点検確認時のみ。
天井	天井仕上	下地材	変形・破損	2	〈変形〉そり、さがり。
		板張・Ｐボード張	破損	2	〈破損〉はがれ。
		クロス張 塗装吹付	破損	2	〈破損〉浮き、はがれ。
窓・玄関扉			変形・破損・作動不良 塗装のはがれ	2 2	〈破損〉ガラスは点検確認時のみ。 通常の摺動部は除く。
オートロック			作動不良	2	
外部金物・網戸			変形・破損・作動不良・取付不良	2	〈破損〉金網は点検確認時のみ。

敷居・鴨居・柱		変形・破損	2	〈変形〉きしみ・そり・ねじれ
内部扉・襖・障子		変形・破損・作動不良・取付不良	2	〈破損〉襖紙、障子紙は点検確認時のみ。
建具金物・カーテンレール		変形・破損・作動不良・取付不良	2	
造付家具（押入を含む）		変形・破損・作動不良・取付不良	2	
電気設備	各戸専用分電盤	取付不良・機能不良	2	
	配線	破損・結線不良	5	
	スイッチ・コンセント・ブザー	取付不良・機能不良	2	
	照明器具（管球を除く） インターホン 住宅情報盤 マルチメディア設備	取付不良・機能不良	2	機器本体は保証書の期間による。
給排水設備	給水管・排水管	漏水・破損	5	
	トラップ・通気管	漏水・取付不良・破損	2	
	給水栓	漏水・取付不良	2	
給排気設備	給排気ダクト	変形・破損・取付不良	2	
	換気扇・換気口・レンジフード	破損・作動不良・取付不良	2	機器本体は保証書の期間による。
ガス設備	ガス配管	破損	5	
	ガス栓	破損・取付不良	2	
	バランス釜・湯沸器・ＴＥＳ等	破損・作動不良・取付不良	2	機器本体は保証書の期間による。
各種メーター（私設メーターに限る）		破損・計測不良	2	
厨房設備		漏水・排水不良・取付不良	2	機器本体は保証書の期間による。
衛生設備		漏水・排水不良・破損・作動不良・取付不良	2	
エレベーター設備		機能不良・結線不良	2	
機械式駐車設備		機能不良	2	
浴室設備		破損・作動不良・取付不良 漏水	2 5	浴槽・シャワー。 ユニットバス。
各戸専用暖冷房設備	配管	漏水・排水不良	2	
	機器	漏水・排水不良・変形・破損・作動不良・取付不良	2	機器本体は保証書の期間による。
植栽		枯損	1	管理不十分な場合は除く。

注：（社）日本高層住宅協会によるアフターサービス規準（様式B）をもとに作成
　アフターサービス期間の始期（起算日）は、次に定める通りとし、具体的な適用については、アフターサービス規準に基づいて行う。
　①屋上・外壁等の雨漏り、内外壁・基礎等構造耐力上主要な部分の亀裂・破損については、建設会社から分譲会社に建物が引き渡された日。
　②共用部分については、最初に使用を開始した日。
　③その他の部分については、当該物件の引渡し日。

④ 新築住宅を購入後相当年月がたっているが、建物の欠陥の責任を問えるか

平成12年4月に施行された「住宅の品質確保の促進等に関する法律」によって、新築住宅における「構造耐力上主要な部分及び雨水の侵入を防止する部分」の瑕疵担保期間は10年間となりましたが、この法律の施行以前の住宅取得契約の場合は瑕疵担保の特約により引き渡しより2年間と定められることが多くなっています。

建物に欠陥があったかどうかは専門家でも判断が分かれるため、これを売り主が瑕疵と認め損害賠償の請求を行うまでには非常に長い道のりとなりますが、明らかな欠陥である場合は、瑕疵担保の請求期間が過ぎていても分譲会社に対して責任を追及していく姿勢が必要です。

関係法令 民法第566条（用益的権利による制限がある場合の売主の担保責任）、民法第570条（売主の瑕疵担保責任）、民法709条（不法行為の要件）、民法第724条（損害賠償請求権の消滅時効）、宅地建物取引業法第40条（瑕疵担保責任についての特約の制限）、住宅の品質確保の促進等に関する法律第88条（新築住宅の売主の瑕疵担保責任の特例）

◆これまでの契約では「本物件の隠れた瑕疵については、引き渡しから2年間担保の責任を負う」という瑕疵担保責任の特約が結ばれていることが多くなっています（平成12年4月に施行された「住宅の品質確保の促進等に関する法律」によって、新築住宅における「構造耐力上主要な部分及び雨水の侵入を防止する部分」の瑕疵担保期間は10年間が義務づけられました）。

◆そのため、まず売買契約書の瑕疵担保責任の条項を確認し法律で定められた瑕疵担保責任を追及できる期間かどうかを調べる必要があります。

【解説】

◆不具合の原因が居住者の明らかな過失によるものであるとか、経年劣化により起きたものであるときは分譲会社に責任を追及することはできないため、第三者の専門家による客観的な調査データをもとに分譲会社と地道に交渉を行っていかなければなりません。

◆また瑕疵担保期間を過ぎていても、民法第709条に基づく不法行為として分譲会社に対し欠陥マンションを売った責任を追及していくことができるかどうか、法律的に検討していく必要があります。

関連項目 V 2 ⑤中古物件を買ったのだが、建物の欠陥の責任を問えるか

⑤ 中古物件を買ったのだが、建物の欠陥の責任を問えるか

民法第570条に規定する瑕疵担保責任は中古住宅の取引においても適用されますので、前の所有者に責任を追及することになります。また、売買契約の際に瑕疵担保責任の条項で「現状有姿のまま」という条件をつけることがありますが、表面から明らかに特定できる傷または欠陥以外は責任を免れることはできないと考えられています。なお、「住宅の品質確保の促進等に関する法律」による10年間の瑕疵担保責任は新築住宅の売買契約にしか適用されないことに注意する必要があります。

関係法令 宅地建物取引業法第40条（瑕疵担保責任についての特約の制限）、宅地建物取引業法第47条（業務に関する禁止事項）、民法第566条（用益的権利による制限がある場合の売主の担保責任）、民法第570条（売主の瑕疵担保責任）、民法第572条（売主が担保責任を負わない旨の特約）、民法709条（不法行為の要件）、民法第724条（損害賠償請求権の消滅時効）

【解説】

◆中古住宅であっても売買契約における売り主の瑕疵担保責任を問うことができるという点は変わりません。ただし、瑕疵担保責任の期間は宅地建物取引業者が売り主であった場合は最低2年間とされますが、売り主が宅地建物取引業者以外の場合は売買契約書の瑕疵担保責任の条項に従い、免責の特約をすることが可能となっています。しかしそれでもその売り主が瑕疵の事実を隠していた場合、その特約は民法第572条により無効となります。

関係法令 「中高層分譲共同住宅（マンション）に係る管理の適正化及び取引の公正の確保について」（平成4年12月25日建設省経動発第106号・建設省住管発第5号）、住宅の品質確保の促進等に関する法律第2条（定義）

◆また、「現状のまま引き渡す」という文言のみでは売り主の瑕疵担保責任を免責したことにはなりませんが、明らかに特定できる傷または欠陥はそれを承知の上で契約したものとみなされ、瑕疵担保責任を追及することはできないので、現場でよく確認をしておく必要があります。

◆なお、「住宅の品質確保の促進等に関する法律」

【解説】

による瑕疵担保責任は、新築住宅の売買契約にしか適用されず、また新築住宅は「まだ人の居住の用に供したことのないもので、かつ、新築されてから一年を経過していないもの」と定義されているため、新築後売れ残って1年以上経過する物件は中古住宅とみなされ、10年間の瑕疵担保責任は適用されません。

関連項目 V 2④新築住宅を購入後相当年月がたっているが、建物の欠陥の責任を問えるか

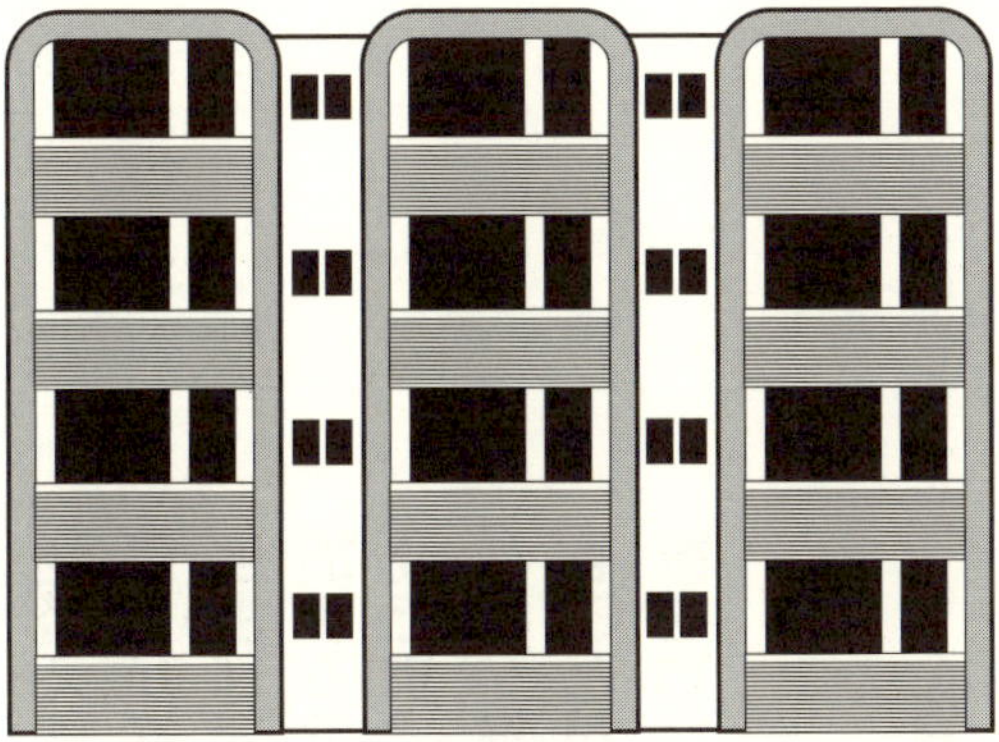

Ⅵ

建替えにかかわる問題

1 建替えに向けた検討

① 建替えの検討を始めたいのだが、どのように進めたらよいのか

建替えは区分所有者の合意だけでなく、賃借人などの関係者すべての協力がないとうまく進みません。そのため建替えの検討にあたっては自由な発言と情報の公開を原則とし、なるべく多くの区分所有者が参加する勉強会などの場を設け、その他関係者にも情報を流すことが必要です。

なお、検討の当初は建替えに関心のある有志の集まりで勉強会を進めることが多いようですが、概括的な検討を終えたあとは管理組合に承認された建替え検討組織に改組することが望ましいと思われます。

◆建替えを成功に導くためには、関係者の合意形成を最優先させていくことが大切であり、建替えの検討組織を設けるときは、高齢者、店舗所有者、法人の区分所有者などさまざまな立場の意見が反映されるように心がける必要があります。

【解説】

◆そのため勉強会への参加を広く呼びかけたり、アンケートを行って建替えに対するさまざまな意見を把握し、検討の結果を広報誌で報告するなど、活動が広く認知されるように努めなくてはなりません。

関係法令　区分所有法第3条（区分所有者の団体）、民法第667条（組合契約）

◆しかし、検討の初期の段階では一部の有志によって建替え推進グループが組織されることが多く、その場合には業者との癒着の疑いなど無用の誤解を与えないように注意し、早期に管理組合が認知した組織となることを目指すべきです。

◆また、建替えは日常の管理活動以上に強力なリーダーシップが必要であり、認知された建替え推進グループの存在が成功の鍵となっています。

【解説】

◆一方、管理組合は「建物並びにその敷地及び附属施設の管理を行うための団体」（区分所有法第3条）であり、建替えを実施する団体は管理組合とは目的が異なるため、参加者が重複していても別の団体と考えるのが妥当です。

関連項目　Ⅰ１④管理組合とは何をするのか

②法定建替え、任意建替えとは

法定建替えとは、区分所有法第62条に基づく建替え決議を行うもので、区分所有者および議決権の各5分の4以上の多数で決議をすることができます。

任意建替えとは、区分所有法の建替え議決によらないもので、区分所有者全員の同意が必要です。

【解説】

◆法定建替えの手続きは区分所有法第62条以下の条文に示されており、一定の要件のもと区分所有者および議決権の各5分の4以上の多数の賛成によって建替え決議を行うことができます。

◆一方任意建替えとは、区分所有法の建替え決議によらない、区分所有者全員の合意による任意の建替えを指し、被災マンションを除くこれまでの建替え事例のほとんどがこの任意建替えによるものです。

◆このように法定建替えの適用事例が少ない理由として、建替え要件の解釈を巡って訴訟などを起こされるリスクが高く、反対者を残したまま建替え事業を進めていくのは困難であるということが考えられます。

◆もともと建替えの要件は区分所有法制定当初は全員の同意が必要だったものを、昭和58年の改正

関係法令 区分所有法第62条（建替え決議）

により5分の4以上の賛成に緩和したのですが、実際にはこれまで一度しか区分所有法に基づく建替え決議は行われておらず、その一度の事例につ

【解説】

いても建替え決議の無効を求める訴訟が起こされています（大阪の新千里桜ヶ丘住宅）。

関連項目 VI 1③建替え決議とは

③ 建替え決議とは

区分所有法第62条に規定されている内容で、老朽等の事由により建物がその効用を維持し、または回復するのに過分の費用を要するに至ったときには区分所有者および議決権の各5分の4以上の多数で建物を取り壊し、かつ建物の敷地に新たに主たる使用目的を同一とする建物を建築する旨の決議をすることができると定められています。

そしてこの建替え決議により、建替えに参加しない区分所有者に対しての区分所有権の売り渡し請求権が発生し、その区分所有権の買い取りによって建替え事業を進めていくことが想定されています。

【解説】

◆区分所有法では、ア　老朽、損傷、一部の滅失その他の事由が存在し、イ　建物の価額その他の事情に照らし、建物がその効用を維持し、または回復するのに過分の費用を要することを建替えの要件として区分所有者と議決権の5分の4以上の多数による建替え決議をすることができると定めています。

◆そして、この決議によって最終的な建替え事業への参加者を確定させ、不参加者の区分所有権の買い取りによって建替え事業を進めていくことと

関係法令　区分所有法第62条（建替え決議）、区分所有法第63条（区分所有権等の売渡し請求等）、区分所有法第64条（建替えに関する合意）

していています。

◆また、区分所有法では建替え決議に際して、「新たに建築する建物の設計の概要」、「建物の取壊し及び再建建物の建築に要する費用の概算額」、「費用の分担に関する事項」、「再建建物の区分所有権の帰属に関する事項」を定めることにしており、実際にはこれらの詳細な事項が確定した後に建替え決議をすることになります。

◆しかしながら、区分所有法第62条に定められている「建物の老朽化」の認定が困難であること、「建物がその効用を維持し、又は回復するのに過

【解説】

分の費用を要するに至ったとき」という建替え要件の解釈などが問題となり、区分所有法による建替え決議はこれまで一度しか行われていません（大阪の新千里桜ヶ丘住宅）。

◆また、法定建替えは「現在の敷地」に「主たる使用目的を同一にする」建物を建築する場合に限られるため、この条件に当てはまらない建替えには適用されないという問題やこの手続きで定められている区分所有権の買い取り資金の捻出、従前建物の時価の算定も課題となっています。

関連項目　VI 1②法定建替え、任意建替えとは

④既存不適格建築物とは

建物の建築後に容積率等の制度が創設され、あるいは制度が強化されたために、現在の法制度のもとでは同じ建築物を建てられなくなっている建物を既存不適格建築物といいます。
これらの制度は、その制定以前に建築された建物には適用されないため既存不適格建築物は違反建築ではありませんが、建替え時には現在と同じ建物を再建築することはできません。

【解説】

◆容積地区制度（昭和38年）、日影規制（昭和51年）などの導入やその後の規制見直しにより、建築当時は法律の規準に適合した建築物であったものの、現在の法制度に合わなくなっている建物を既存不適格といいます。

◆例えば、現在の建物の延べ面積（各階の床面積の合計）が1万平方メートルで利用容積率が５００%だった場合、建築後に法定容積率３００%の指定を受けると、同じ敷地に建築するときの延べ面積は6千平方メートルしか確保できないことになります（ただし容積率のみを考慮した場合。容積率についても、個別具体の状況に応じて容積率不算入の規定があります）。

◆これら既存不適格のマンションは民間の分譲し

た物件を中心に相当数に上るものと予想され、現在の大きさを確保できないために建替えが難しいなどの大きなハンディを負っています。

◆なお、これまでの建替え事例の中には、容積率

【解説】

の割り増しを受けるために周辺敷地を含めた法定再開発その他の手法を利用している例があります。

関係法令 建築基準法第3条（適用の除外）

関連項目 Ⅵ 1 ⑤建替えの際に利用が考えられる制度

⑤ 建替えの際に利用が考えられる制度

容積率の割り増しを受けられる制度として、市街地再開発事業、総合設計制度、地区計画、特定街区制度など、事業費の補助を受けられる制度として、市街地再開発事業、優良建築物等整備事業、都心共同住宅供給事業などがあります。

また、このほかに税金の負担を軽減する特例や公的融資制度の積極的な活用が考えられます。

ただし、これらの利用にあたってはそれぞれ制度の要件を満たしている必要があり、また都市計画決定等の手続きに時間がかかることもあるので、あらかじめ東京都や区の担当課に相談しておくことが必要です。

◆建替えを成功に導くためには、公的事業の適用を受けて、事業費の軽減を図ったり、容積率の割り増しを受けるなどの方法も検討する必要があります。

【解説】

◆なお、これまでの建替え事例の一部では、第一種再開発事業、総合設計制度、優良再開発建築物整備促進事業（優良建築物等整備事業）などが利用されています。

◆事業費の補助の割合は、過去の適用例から市街地再開発事業で全体事業費のおよそ15～20％程度、優良建築物等整備事業ではさらにその半分程度といわれています。

◆これらの制度の適用を受けるには、例えば優良建築物等整備事業のマンション建替えタイプの場合であれば、

ア　市街地総合再生計画等の区域内か、市街地整備事業に寄与する一定の事業

イ　区分所有者が10人以上

ウ　法定耐用年数の3分の1以上経過していること

【解説】

エ　建替え後は2分の1以上の床を住宅用途とし、建替え前の戸数や面積以上の住宅を供給すること

オ　面積は原則おおむね1千平方メートル以上。ただし市街地総合再生計画区域内と土地区画整理事業との合併施行の場合は５００平方メートル以上

などのように、それぞれ認可の要件があり、調整手続きに時間がかかることも予想されるため、建替えについての検討を始めた早い段階から東京都や区の担当課と折衝しておく必要があります。

【マンションの建替えに活用可能な国の支援制度】

制度	概要	
都心共同住宅供給事業	敷地面積300平方メートル以上で、10人以上の区分所有者の老朽化した共同住宅などの条件を満たす建替事業で、市街地総合再生計画区域内または周辺市街地整備に寄与する事業。	補助対象となる費用 ① 調査設計計画費の一部 ② 建築物除却費等の一部 ③ 共同施設整備費の一部 その他の公的助成 ① 税制上の優遇 ② 住宅金融公庫等の融資上の優遇
優良建築物等整備事業	地区面積がおおむね1000平方メートル（中心市街地では500平方メートル）以上で、10人以上の区分所有者の老朽化した共同住宅などの条件を満たす建替事業で、市街地総合再生計画区域内または周辺市街地整備に寄与する事業。	補助対象となる費用 ① 調査設計計画費の一部 ② 土地整備費の一部 ③ 共同施設整備費の一部

関連項目 Ⅵ 1 ④既存不適格建築物とは

問い合わせ先一覧（担当課および電話番号は平成13年7月1日現在）

①分譲マンションに関する各自治体の問い合わせ先

自治体名	担当課	電話番号（内線）
千代田区	（財）千代田区街づくり推進公社住宅部	03－3262－0211
中央区	都市整備部住宅課計画指導係	03－3546－5466
港区	（財）港区住宅公社	03－3593－5688
新宿区	都市計画部住宅対策室住宅課住宅係	03－3209－1111
文京区	都市計画部住宅課	03－5803－1238
台東区	建築住宅部住宅課	03－5246－1367
墨田区	都市計画部住宅課	03－5608－6215
江東区	都市整備部住宅課住宅推進係	03－3647－9111（2994）
品川区	まちづくり事業部住宅課住宅計画担当	03－5742－6777
目黒区	都市整備部住宅課居住支援係	03－5722－9878
大田区	都市環境部住宅課	03－5744－1343
世田谷区	（財）世田谷区都市整備公社まちづくりセンター	03－3419－3022
渋谷区	都市整備部住宅課住宅相談係	03－3463－1211（2952）
中野区	都市整備部住宅課相談係	03－3228－5564
杉並区	都市整備部住宅課	03－3312－2111（3532）
豊島区	（財）豊島区街づくり公社事業推進課街づくり第3係	03－3981－1683
北区	都市整備部住宅課住宅計画係	03－3908－9201
荒川区	都市整備部住環境整備課	03－3802－3111（2826）
板橋区	区民文化部住宅課住宅相談係	03－3579－2186
練馬区	都市整備部住宅課	03－3993－1111（8641）
足立区	都市整備部住宅課住宅計画係	03－3880－5249
葛飾区	都市計画部住宅課住宅計画係	03－3695－1111（3442）
江戸川区	都市開発部住宅課計画係	03－5662－6387
八王子市	都市整備部管理課	0426－20－7260
立川市	企画部広報広聴課市民相談係	042－523－2111（215）
武蔵野市	都市開発部住宅対策室住宅対策係	0422－60－1905
三鷹市	都市整備部まちづくり建築課住宅対策係	0422－45－1151（2867）
青梅市	建設部管理課住宅係	0428－22－1111（289）
府中市	生活文化部住宅勤労課住宅管理係	042－335－4457

自治体名	担　当　課	電話番号（内線）
昭島市	都市計画部都市計画課住宅係	042−544−5111（2265）
調布市	都市整備部開発調整課住宅係	0424−81−7141
町田市	建設部住宅課	042−724−1130
小金井市	都市建設部開発課開発指導係	042−387−9861
小平市	都市整備部総合計画課計画係	042−346−9554
日野市	まちづくり推進部都市計画課まちづくり係	042−585−1111（305）（306）
東村山市	政策室総合調整課調査係	042−393−5111
国分寺市	都市建設部まちづくり推進課都市計画係	042−325−0111（388）
国立市	建設部まちづくり推進課	042−576−2111
西東京市	都市整備部都市計画課住宅係	0424−64−1311（2423）
福生市	都市建設部都市計画課都市計画担当	042−539−0673
狛江市	市民部産業生活課市民住宅係	03−3430−1111（2224）
東大和市	都市建設部地域整備課地域整備係	042−563−2111（1261）
清瀬市	建設部管理課住宅係	0424−92−5111（374）
東久留米市	企画部秘書広報課広聴担当	0424−70−7777（2212）
武蔵村山市	企画財政部企画調整課企画調整担当	042−565−1111（372）
多摩市	くらしと文化部住宅課住宅対策担当	042−338−6817
稲城市	都市建設部まちづくり推進室開発調整グループ	042−378−2111（324）
羽村市	都市建設部管理課管理係	042−555−1111（260）
あきる野市	都市整備部都市計画課計画係	042−558−1111（2712）

東京都	（財）東京都防災・建築まちづくりセンター 飯田橋不動産相談室	03−3235−6551

②関連団体の問い合わせ先

■国土交通省所管の財団法人

（財）マンション管理センター	総務・書籍購入	☎03−3222−1516
	組合運営の相談	☎03−3222−1517
	修繕工事の相談	☎03−3222−1519
	公庫融資の債務保証	☎03−3222−1518
	http://www.mankan.or.jp/	

管理組合を主な対象に相談業務、各種情報の提供を行っています。また、コンピューターによる長期修繕計画策定と修繕積立金算出サービスを行っています。

■分譲会社の団体

（社）不動産協会　☎03−3581−9421
http://www.fdk.or.jp/

分譲会社を含む不動産会社を会員とする団体ですが、居住者などからの質問・相談についても受け付けています。

■管理会社の団体

（社）高層住宅管理業協会　☎03−3572−6391
http://www.kanrikyo.or.jp/

管理会社を会員とする団体ですが、管理組合や居住者からの相談についても受け付けています。また、マンション保全診断センターでは建物・設備の劣化診断、修繕計画立案を行っています。

③その他特別な内容についての問い合わせ先

■建物診断（劣化診断）について

（社）高層住宅管理業協会　マンション保全診断センター　☎03−3572−6391

■不動産の取引について

東京都住宅局　不動産業指導部　指導課　☎03−5320−5072

■耐震診断について

東京都　都市計画局　建築指導部　調査課　建築防災係	☎03−5388−3344
東京都　多摩東部建築指導事務所　指導第一課	☎042−364−2281
東京都　多摩東部建築指導事務所　指導第二課	☎0424−64−1515
東京都　多摩西部建築指導事務所　指導第一課	☎042−523−3171
東京都　多摩西部建築指導事務所　指導第二課	☎0428−22−1151

＊各区役所、調布市役所、八王子市役所、立川市役所、三鷹市役所、町田市役所、武蔵野市役所、府中市役所、日野市役所の各建築相談窓口にお問い合わせ下さい。

管理組合のためのマンショントラブル110番！

2001年８月20日　第１版第１刷発行

監　　修　　東京都住宅局開発調整部民間住宅課

編集・発行　　財団法人 東京都防災・建築まちづくりセンター

発　　売　　株式会社大成出版社

東京都世田谷区羽根木１－７－１１
〒156-0042　　電話　03(3321)4131（代）

印刷　亜細亜印刷

ISBN4-8028-8676-4